Federico Delrosso Architects

Dedico questo libro alla mia famiglia,
poiché è tutto quello che ho.
Ma soprattutto a mio padre:
l'unico di noi che non c'è più.

This book is dedicated to my family,
because they mean everything to me.
But above all to my father,
the only member who is no longer with us.

Porzia Bergamasco

Federico Delrosso Architects

Spostando il limite
Pushing the Boundaries

SKIRA

In copertina / Cover
Twin Loft FD, Milano, 2007
scala interna / internal staircase
photo Matteo Piazza

Design
Marcello Francone

Redazione / Copy editor
Emanuela Di Lallo

Impaginazione / Layout
Paola Ranzini

Traduzione / Translation
Andrew Ellis, Milano

First published in Italy in 2013 by
Skira Editore S.p.A.
Palazzo Casati Stampa
via Torino 61
20123 Milano
Italy
www.skira.net

Printed and bound in Italy. First edition

ISBN: 978-88-572-1982-0

Distributed in USA, Canada, Central & South America by Rizzoli International Publications, Inc., 300 Park Avenue South, New York, NY 10010, USA.
Distributed elsewhere in the world by Thames and Hudson Ltd., 181A High Holborn, London WC1V 7QX, United Kingdom.

Finito di stampare nel mese di settembre 2013
a cura di Skira, Ginevra-Milano
Printed in Italy

FEDERICO
DELROSSO
ARCHITECTS

Grazie ai collaboratori dello studio
Thank you to the studio's collaborators:
Francesca Aglietta
Maria Barilla
Franca Balbo
Giorgio Bianco
Claudio Bocchino
Mariantonietta Capezio
Michela Cavagna
Dario De Santis
Sara Foschi
Mariangela Guglielmi
Eda Koksal
Marina Maffei
Luisa Malugani
Barbara Patrizio
Alessandro Raso
Paola Romano
Raffaele Sabbadini
Maura Tadini
Roberta Vidale

www.federicodelrosso.com

e ai partner tecnici / and to our technical partners:
Ariotti Marmi
Atmosfera Italiana
Casalinuovo Costruzioni
Costa Paolo
Davide Groppi
Dinamica Engeneering
Edilternengo
Euroisoglass
Fortin
Gandini
Gardiman
Habitat
Henry Timi
Idea
Idea Tenda
Italian Finest Custom Creation
Panuccio Costruzioni
Passadore
Primat
Sitis
Sirco
Tecnicem

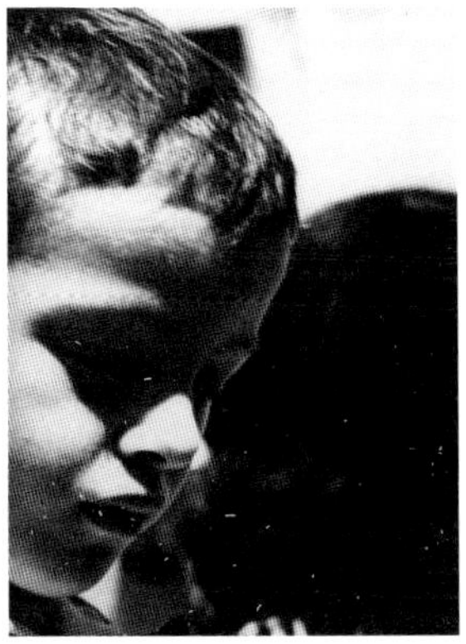

"Spostando il limite" è una metafora che credo ben descriva il mio lavoro e il mio approccio al lavoro. Per me, una continua ricerca di quella emozione speciale che una sfida o la sensazione di aver superato il proprio limite, rispetto a una determinata condizione, rappresentano.
Credo derivi dalla mia passione per l'automobilismo sportivo e dalla costante pratica agonistica con la quale mi sono formato, trasponendo poi questa idea nel lavoro e in quello che faccio.
Questo libro rappresenta per me la conclusione di un importante ciclo di vita personale e professionale, necessario per porre un punto "zero" da cui ricominciare un'altra avventura.
Ringrazio tutti i collaboratori che hanno fatto parte del mio studio, e i tanti committenti che mi hanno permesso di progettare e di raggiungere tappe importanti, e quindi di motivare questo libro. Che racconta una selezione di tutto ciò che ho pensato, progettato e costruito in questi anni importanti della mia vita.
Grazie a Porzia Bergamasco per la paziente dedizione nella raccolta e catalogazione del materiale e a tutti coloro che hanno collaborato alla realizzazione del volume.
Un grazie particolare a chi ha contribuito a diffondere il mio lavoro con professionalità e impegno: Patrizia Ledda e Maria Gallo di Mapdesign e Teresa Laughlin per gli USA; e i fotografi che hanno saputo cogliere l'essenza dei miei progetti: Luca De Santis, Fausto Mazza, Adriano Pecchio, Matteo Piazza, Adrian Wilson.
Grazie alle persone speciali che hanno voluto dare il loro contributo personale: Cindy Allen, Davide Groppi, Alessandro Sartori e Henry Timi.
Grazie a tutti coloro che continuano a credere in me.
E infine grazie a me stesso, per l'energia, la passione e la perseveranza profusa nel raggiungere gli obiettivi che ogni giorno mi pongo.

"Pushing back boundaries" is a metaphor that aptly describes my lifework and my approach to everything I do. For me, it means constantly seeking that special thrill you feel when you break new ground and overcome your limitations in a given situation. I reckon this urge comes from my passion for racing and the pursuit of competitive sports throughout my life, which I basically transposed to my work and daily activities.
This book represents the close of an important cycle in my life at both personal and professional levels, something I felt was necessary, to reset the meter to zero and begin a new adventure.
I must therefore thank all the co-workers at the studio, the many clients who allowed me to design for them and reach new stages in my own development, and hence prompt the creation of this book, which narrates a selection of what I have conceived, designed and built in the course of these key years of my life.
Thanks to Porzia Bergamasco for her patient retrieval and collation of the material this book contains, and to all the people who contributed to its completion.
Special thanks to those who over the years have contributed to making my work known, with professionalism and commitment: Patrizia Ledda and Maria Gallo from Mapdesign; Teresa Laughlin for the USA; along with the photographers who managed to capture the essence of my work: Luca De Santis, Fausto Mazza, Adriano Pecchio, Matteo Piazza and Adrian Wilson.
Thanks to the special people who gave their personal input: Cindy Allen, Davide Groppi, Alessandro Sartori and Henry Timi.
Thanks to those who continue to believe in me.
And not least, thanks to myself, for the energy, the passion, and the perseverance applied in achieving the goals that I set myself every day.

Probabilmente a causa del suo DNA, quello dei grandi navigatori, circa otto anni fa Federico ha gettato la sua ancora nella mia redazione newyorchese. E tuttavia, tradizioni italiane a parte, è stata l'eccellenza del suo talento a farne ai miei occhi una scoperta preziosa, di cui ho voluto esplorare la sorprendente evoluzione. Anima inquieta per antonomasia, Federico è continuamente spinto ad ampliare e perfezionare la sua arte in qualsiasi disciplina di progettazione: dall'architettura all'interior design alla concezione di prodotti industriali. E dopo aver pubblicato e ripubblicato il suo lavoro (ha vinto per ben quattro volte la menzione del nostro concorso Best of Year*), con i suoi progetti per il* CafèB Restaurant *e lo* SkyB Lounge *a New York ha anche dimostrato di essere un "ragazzo da copertina". Così, con meritato orgoglio, si è guadagnato la cover di "Interior Design" del settembre 2011: una delle mie decisioni editoriali più facili!*

Cindy Allen

Editor-in Chief, "Interior Design"

The DNA of great voyagers was likely the reason Federico lowered his anchor in my New York digs roughly eight years ago. Italian traditions notwithstanding however, it was his obvious world-class talent that made him a prized find, and a never ending work in progress for me to follow. He is the archetypal unrequited soul, driven to expand and exact his craft through any of the design disciplines, be it industrial, interiors, or architecture commissions. And after publishing his work time and time again – including four honors in our Best of Year *competition – Federico also proved he was cover boy material, with his New York* CafèB Restaurant *and* SkyB Lounge. *It proudly commandeered* Interior Design *magazine's September 2011 cover, and it was one of my easiest editorial decisions to date!*

Editor-in-Chief, *Interior Design* magazine

Ho conosciuto Federico nel 2005 in occasione di un progetto a Biella.
Di lui mi ha sempre colpito la capacità di essere leggero ma nello stesso tempo profondo.
Sempre alla ricerca di un senso da dare allo spazio.
L'architettura di Federico è sempre un lavoro tra cuore e cervello, come le mie lampade.
Per questo motivo, probabilmente, ci siamo trovati a lavorare periodicamente su progetti di architettura e di luci.
Le lampade per me sono quasi un'ossessione, e quando ho avuto l'opportunità di incontrare persone disposte a confrontarsi sono nati progetti meravigliosi.
È successo anche con Federico: Mima *(2006, segnalazione Compasso d'Oro, ADI),* Palpebra *(2009),* Estasi *(2010). E la nuova* Shade *(2013).*
Take your time.

I met Federico in 2005 while working on a project in Biella.
What has always struck me about him is his ability to be both deep and light-hearted at the same time. He is forever seeking ways to endow space with meaning.
His architectural works always involve dovetailing heart and mind, as I do with my lamps.
This is probably why we have periodically worked in tandem on architecture and lighting.
Lighting is almost an obsession for me, and whenever I've met people willing to compare ideas, amazing projects have invariably emerged.
So it has been with Federico: Mima *(2006, Special Mention Golden Compass, Association of Industrial Design),* Palpebra *(2009) and* Estasi *(2010). And the new* Shade *(2013).*
Take your time.

Davide Groppi

Designer e autoproduttore, davide groppi, Piacenza

Designer and self-producer, davide groppi, Piacenza

Federico Delrosso è un amico di vecchia data, nonché il progettista della casa dove vivo; ho dunque avuto modo di conoscerlo anche sotto il profilo professionale, ritrovando nel suo modo di lavorare alcuni tratti della sua personalità, come l'inclinazione a vivere completamente le cose che fa con il cuore, la pancia e la testa. Da questo punto di vista posso affermare che Federico conserva una freschezza rimasta praticamente immutata da quando era solo un ragazzo. Nei mesi in cui ho visto la mia casa prendere forma ho potuto cogliere in particolare tre aspetti peculiari del suo progettare. Su tutti spicca la percezione dello spazio: credo che Delrosso abbia, al di là della pratica legata alla sua professione, la capacità innata della visione della prospettiva, della tridimensionalità e dell'ortogonalità; basti osservare come riesce a vedere il taglio di una finestra, l'apertura di una porta, le potenzialità di un luogo per immaginarselo all'interno dello spazio quando il progetto è ancora un foglio bianco. In secondo luogo, emerge il suo rapporto empatico con la luce: il suo modo di trattare la luce in architettura e di interpretarla nel design è talmente naturale che spesso si rivela – negli oggetti in particolare – di una semplicità disarmante. Infine, aggiungo la spiccata sensibilità per il colore: Federico prova un colore decine di volte fino a quando non trova la sfumatura esatta per quel dato ambiente o oggetto. Tutti questi aspetti vanno ricondotti alla sua predisposizione per la ricerca continua, ma anche a un'attenzione quasi maniacale per il dettaglio. Lavorando nell'ambito sartoriale, vedo numerose relazioni con il modo di intendere l'architettura di Federico, che si dispone verso ogni impegno con cura e riesce a immedesimarsi integralmente nelle aspettative del committente, facendolo sentire a proprio agio. Proprio come fa un sarto con il corpo e il tessuto.
Auguro a tutti la sua stessa complessa spontaneità.

Alessandro Sartori

Art director Berluti, LVMH Group, Parigi

Federico Delrosso and I have been friends for a long time now, and given that he designed the house I live in, I've had the chance to know him professionally too, and find that his working methods reflect aspects of his personality, such as his habit of throwing himself completely into whatever he's doing – heart, mind, and soul. In this respect I can confirm that his vision has remained as crisp and fresh as it was in his youth. While watching how my house gradually took shape, I observed three particular features of his way of designing. Foremost is his keen sense of space, which I reckon goes beyond the practical slant required by his profession; his is an innate vision in three dimensions, of seeing things in perspective and orthogonally – the cut of a window, how a door should open, a given space's potential. He seems to inhabit the space he's working on even while it's still on the drawing board. Secondly, he has an uncanny empathy for light: his way of handling the illumination for both his architecture and his designs betrays a natural affinity of disarming simplicity, particularly in the case of objects. Federico's third peculiarity is undoubtedly his great sense of colour – he'll keep trying dozens of times until he finds the exact shade and hue he wants for that particular room or object. To my mind, all these aspects stem from one thing, and that is his urge to keep experimenting, but also from his relentless fascination for detail. I work in the garment sector, and see many links with the way Federico perceives his work as an architect. He follows the job with utmost care and relates intimately with the client's needs and expectations, reassuring him at each stage, just as a couturier aims to achieve the perfect cut to match the wearer's body.
I wish everyone could experience this complex spontaneity.

Art director Berluti, LVMH Group, Paris

Ho conosciuto Federico Delrosso nel settembre 2009. Da allora esiste fra noi uno splendido rapporto professionale e di amicizia.
Federico è un progettista attento, elegante e rigoroso, con uno stile semplice quanto innovativo.
Apprezzo il costante equilibrio, la ricerca continua e la spiccata sensibilità. Una sintesi di alto profilo per un grande architetto.
Considero il nostro un incontro bellissimo, attraversato da momenti di importante creatività e da opere di alta rilevanza.
Un grazie sincero a Federico per le sue architetture.
Con stima

Henry Timi

Designer e imprenditore, HENRYTIMI, Milano

I have known Federico Delrosso since September 2009. Our meeting marked the beginning of a deeply rewarding exchange, as both professionals and friends.
Federico is the kind of attentive designer who is both elegant and thorough, with a style as simple as it is innovative.
I am always impressed by his poise, his constant querying, and keen sensibility.
In sum, he has all the qualities of the master architect.
Our collaboration has seen us engaged in moments of utmost creativity, producing works of considerable importance.
I extend my sincerest thanks to Federico, and to his architecture.
With all my esteem,

Designer and entrepreneur, HENRYTIMI, Milan

Sommario / Contents

Exit
23 St
44 Dr
Court S
INTERIOR DESIGN
Abercrombie & Fitch

Federico Delrosso

Nella metropolitana di New York, città che con Milano è divenuta seconda base di lavoro dell'architetto

In the subway in New York, the city the architect has made his second base, after Milan

Fotografia / Photo Luca De Santis

Se una persona non ha più sogni,
non ha più alcuna ragione di vivere.
Sognare è necessario, anche se nel sogno
va intravista la realtà.
Per me è uno dei principi della vita.
Ayrton Senna

Con un'attitudine da autodidatta, nell'architetto di origini biellesi Federico Delrosso, e in quello che fa, c'è un costante passaggio di testimone fra ieri e oggi che, lungi dall'essere nostalgico o citazionista, rende tutto presente e attuale. È animato da una dichiarata aderenza a ciò che è contemporaneo, che per lui significa connessione e commistione continua con quello che lo circonda e lo sollecita. O che riesce a catturare la sua attenzione, e ad accendere passioni.

Questo andare avanti e indietro nel tempo segnando dei cicli precisi trova la sua radice anche in un inevitabile intreccio fra vita familiare e professionale e in un innato bisogno di ricerca di identità e tutela della memoria, che si esprime con un sempre rinnovato senso di appartenenza a un tutto. Dal suo punto di vista, il presente spinge avanti il passato e lo trasforma, contaminandolo a livello percettivo e semantico. Delrosso se ne appropria perché appartiene a lui, come a tutti, e diviene matrice di un personale percorso evolutivo.

Trasforma segni e stilemi, li riutilizza e li rivisita in una necessaria percezione globale, più concreta che speculativa, che adotta per dominare e visualizzare un'idea. Non ha riferimenti precisi, sarebbero limitativi. Eppure nel suo percorso progettuale, libero da influenze dominanti, è facile ritrovare gli insegnamenti dei modernisti – Gio Ponti, Ernesto Nathan Rogers e Le Corbusier in testa – che intesero l'architetto come progettista "dal cucchiaio alla città" e che posero un accento costante sull'indagine dello spazio, un tratto poi ereditato da Richard Meier. Così come nella ricerca del disegno di un'unica superficie continua, è altrettanto facile leggere gli studi sul nastro di August Ferdinand Moebius che attraversano l'architettura contemporanea. Rispettoso dei contesti circostanti, naturali o urbani, e dello "spirito dei luoghi", Delrosso mira a includerne la realtà e il va-

When a person ceases to dream,
he has no reason to go on living.
To have dreams is vital, even though
they must offer a glimpse of reality.
For me this is one of life's principles.
Ayrton Senna

With the outlook of one who is largely self-taught, the Biella-born architect Federico Delrosso displays that constant transition of testimony between yesterday and today. Far from being nostalgic or derivative, his work affirms a solid sense of the here and now. It manifests his open conviction in the contemporary, which means connecting and constantly merging the things that surround him and arouse his curiosity. Things that catch his attention, things that trigger a new passion.

This knack of moving back and forth through time, which has marked precise cycles in his output, has its roots in an inevitable intersection between family and professional life, and in an innate urge to identify and safeguard memory and heritage, which is expressed in a continually renewed sense of belonging to a whole. From his point of view, the present drives the past on before it, and transforms it through an act of cross-pollination at both perceptive and semantic levels. He appropriates it because it belongs to him, as it does to all, making it the matrix of his personal evolutionary trajectory.

He transforms signs and stylistic elements, repurposing and revamping them, applying a requisite global outlook that is more concrete than speculative, which he adopts to dominate and visualise an idea. He shuns being tied down to set reference points. And yet, while free of dominant influences, his personal design trajectory betrays a deference to the modern masters – with Gio Ponti, Ernesto Nathan Rogers and Le Corbusier in the fore – whose idea of the architect was someone who designed "from the spoon to the town", and whose work pivoted constantly on an inquiry into space, which was inherited by Richard Meier. The quest to define a single continuous surface runs uninterrupted through contemporary architecture, as do the studies of the famous Moebius strip. Ever mindful of context and surroundings, be they natural or urban, and

L'interesse per il "laboratorio", per i materiali e la costruzione delle cose gli è stata trasmessa dal nonno materno, che realizzava modelli in legno per l'industria metalmeccanica

His interest in the "laboratory" and in materials and constructing things was handed down from his maternal grandfather, who built wooden models for the mechanical industry

Fotografia / Photo Luca De Santis

lore reale con chiarezza etica ed espressiva: la base di un sentire organico, non nello stile ma nei presupposti.

Il naturale equilibrio dell'architettura

Negli spazi progettati da Delrosso si entra in punta di piedi, come nei luoghi in cui domina l'immaterialità di una rassicurante eleganza senza tempo. Si mostrano in modo generoso e rigoroso insieme. Nel loro essere opere complete, sono sempre anditi da indagare, lentamente. Le sue case, le cose che disegna, gli somigliano: sono aperte al dialogo, ma trattengono qualcosa da scoprire ogni volta. Nella loro apertura agli altri, chiedono di essere interrogate sulla loro autonoma perfezione. In questo procedere per gradi, si raccolgono tessere di un puzzle da completare, che non risulterà mai finito se non con l'intervento di chi abiterà e userà i luoghi e gli oggetti progettati. Riservato nel pronunciarsi sulla sua sfera privata, in quello che dispone per gli altri, invece, le risposte sono cristalline perché contengono le istanze più comuni e intendono soddisfarle a misura di esigenze e umori. E qui il "non detto" è lo spazio dedicato alla creatività altrui, che viene quasi indotta a esprimersi in modo diverso seguendo invisibili indicazioni, inglobate come parti strutturali degli edifici, costruiti da zero o ristrutturati. Ritaglia visioni, decide forme, punti di osservazione. Cattura e restituisce una dimensione emozionale, come lui stesso spiega: "Ciò che rende speciale una costruzione, al pari di un luogo naturale o metropolitano, non è l'architettura fine a se stessa, ma quell'alchimia che si genera tra lo spazio costruito, chi lo abita e chi lo ha concepito. Una casa è davvero speciale quando riesce a vivere autonomamente, quando cioè se ne può vedere l'anima nei dettagli e in quel che rimane della complementarietà fra l'apporto dell'architetto e i desideri del committente. Lo spirito del luogo muta rispetto a chi lo vive, e vive di memorie. Solo quando si raggiunge questo delicato equilibrio si dà vita a un posto speciale, capace di trasmettere i diversi gradi del rapporto con lo spazio. L'uomo ha la necessità di identificarsi nella propria casa, di stabilire un senso di appartenenza e di riconoscerle un'aura protettiva. La casa del resto è un esoscheletro che deve proteggere, in senso letterale ed emozionale, al cui interno si sviluppano relazioni umane prima che familiari. Ecco perché è importante ricercare quell'equilibrio, delicato e sottile, che lega gli spazi ai suoi abitanti".

Così si comprende anche la sua predilezione per una continuità visiva negli interni e verso l'esterno, realizzata con grandi aperture ma anche con stretti tagli, in pareti e pavimenti, o con l'inserimento di pareti mobili. Elementi finalizzati a creare percorsi liberi e a unire con un unico sguardo i vari livelli: terra e cielo, alto e basso. Nella loro giustificazione funzionale, all'occorrenza, occultano

of the "spirit of place", Delrosso aims to inject reality and real value into his work with clarity of intent and expression: this is the basis of an organic understanding, not in the style, but in the premises.

The natural balance of architecture

The spaces designed by Delrosso are the kind you enter on tiptoe, like those places pervaded by the ineffable spirit of timeless elegance. They possess a sense of both generousness and rigour. Being self-contained, concluded works, his ambiences invite unhurried exploration. His homes and the objects he designs resemble the man himself: they are open to dialogue, but reserve something to be discovered each time. In this openness to others, they expect their self-sufficient perfection to be questioned. Through proceeding by degrees, they gather pieces of a jigsaw to be completed, but will never be finished except through the input of those who actually inhabit the home or utilise the place or objects he designs for them. While shy of making statements about his private life, Delrosso is forthcoming in his responses through his work for others, because they contain the most common requests and are gauged to provide answers tailored to the needs and moods of the client. And what is left "unstated" is the space dedicated to the creativity of others, which is almost inducted to express itself in a different way, following invisible indications, absorbed as structural elements of the buildings, be they constructed from scratch or repurposed to his designs. He carves out visions, decides forms and points of observation. He captures and delivers an *emotional dimension*, as he calls it. "What makes a construction special, as with a natural or metropolitan place, is not the architecture per se, but that alchemy that emerges between the constructed space itself, those who inhabit it, and the person who conceived it. A house is truly special when it is independent, that is, when its soul is visible in the details and in the complementary outcome of the architect's contribution and the expectations of the client. The spirit of the place changes according to who dwells there and lives from memories. Only when this delicate balance is reached can a special place come into being, a place able to transmit the diverse degrees of relation with the context. People need to identify with their own home, to establish a sense of belonging, and appreciate its protective aura. A home is basically an exoskeleton that must provide protection in both a literal sense and an emotional one, a place whose function is primarily to foster human interrelations, and hence also family bonds. This is why it is important to seek that delicate and subtle balance which binds a given space to its occupants."

From this, one can also appreciate Delrosso's fondness for visual continuity between interior and exterior, which he achieves through openings – both broad and narrow – in walls and floors, or by means

In officina a New York, presso Italian Finest Custom Creation

In the workshop in New York, at the Italian Finest Custom Creation

Fotografia / Photo Luca De Santis

e ripartiscono zone, ma soprattutto consentono alla luce di divenire volume. "Credo che la vera architettura non possa fermarsi alle superfici esterne di una casa, ma debba svolgersi, come un nastro di Moebius, dall'esterno verso l'interno, senza soluzione di continuità. Nei miei progetti l'esterno trova sempre il suo 'naturale' omologo interno. Ma più che una semplice corrispondenza fra il vuoto che riflette il pieno, mi piace lavorare su due *trait d'union* basilari: la luce e i materiali naturali".

Delrosso interviene svuotando, sottraendo materia in nome della leggerezza. E quando lavora sulla verticalità il centro del suo intervento è il tema della scala, protagonista assoluta nei loft e negli appartamenti, forte segno di continuità. Attento a cercare una costante unità fra il dettaglio e la visione complessiva, la persegue con l'omogeneità di materiali e finiture, spesso lasciati all'aspetto grezzo e ruvido, anche nei colori, quasi consegnandoli all'usura naturale del tempo.

Il tutto, così predisposto, diventa molto caratterizzante. Ma resta neutro e neutrale nel confronto con il concitato avvicendarsi dei vari momenti della quotidianità e nell'alternarsi delle personalità dei suoi committenti, che vengono in questo modo invitati a vivere i propri luoghi in modo osmotico, quasi senza percepirne i confini. Anche quando si tratta di locali per il pubblico, come i numerosi ristoranti e lounge della catena italiana *Bice* negli States.

L'esperienza del limite fra design e architettura

In uguale misura è governato da uno spiccato senso pratico, dove la funzione non pregiudica, ma è sempre celata da un'indiscussa dominanza estetica che determina la percezione stilistica compositiva e globale, di cui sembra avvertire la responsabilità.

of moving partitions. The aim of such elements is to foster flow, and also to capture in a single glance different storeys or rooms, ground and sky, above and below. Here and there, their function comprises the concealment or division into zones, but above all these devices enable light to acquire a sense of volume. "I reckon that true architecture must not restrict itself to the outer surfaces of a house, but should involve inside and outside seamlessly – like a Moebius strip. In my projects the building exteriors always find their 'natural' counterpart in the interiors. But rather than a mere corresponding balance between mass and void, I like to explore with two basic interfaces: light and natural materials."

Hence Delrosso tends to excavate, to subtract matter, in the name of lightness. And when he works on vertical access, the staircase becomes the fulcrum of the design process, particularly for lofts and apartments, providing a cogent marker of continuity. In order to ensure a sense of unity between detail and overall vision, he employs kindred materials and finishes, often preferring rough and raw textures (also for his colour schemes) in a bid to convey a sense of natural wear over time.

Inevitably, the upshot is a highly individual creation, while offering a relatively anodyne and neutral backdrop for the bustle of daily life unfolding therein, and allowing for the alternating personalities of his clients, who are in this way invited to inhabit their environments in an osmotic way, almost as if the perimeters were invisible. He follows the same logic when he designs public spaces, such as the numerous restaurants and lounges for the *Bice* chain in the United States.

Design and architecture: testing the threshold

His work is predicated on a keen practical sense, in which function is not the preordaining factor

Federico Delrosso con la sua famiglia
in una foto degli anni settanta

Federico Delrosso with his family,
in a photograph taken during the 1970s

Il risultato del suo procedere è un racconto ininterrotto che segna una linea netta, con evoluzioni nascoste. La stessa che poi assegna, e ritroviamo, nei suoi progetti. La linearità delle forme geometriche gli appartiene naturalmente, così come un gusto minimale. Riflettono una formazione razionale, più che astratta, in cui l'estrema compattezza del risultato è una combinazione tra una forte determinazione nel raggiungere e superare i limiti e il continuo stupore generato, il più delle volte, dalla scoperta e dalla ricerca della semplicità, non solo come comune denominatore delle scelte, ma soprattutto come soluzione per la complessità. È una considerazione, ma anche un punto di osservazione, che spiega il rapporto con lo spazio, spinto sempre oltre il suo limite fisico con una determinante partecipazione emozionale della luce, studiata per liberare tutte le sue estensioni naturali nello scorrere del giorno e le espressioni più soffuse, e dei giochi fra luce e ombra, quando è artificiale. Non a caso le sue lampade, o gli arredi, che poi ritroviamo nei cataloghi delle aziende – davide groppi ed HENRYTIMI, in particolare – trovano naturale genesi in determinati luoghi. Nascono insieme ai suoi progetti di interni, ma non per questo perdono la loro autonomia e valenza d'uso. "Ogni oggetto è legato a un'architettura. Ogni forma potrebbe essere anche un'architettura. Cerco di mantenere una visione globale. Il mio punto di vista sui luoghi, sugli oggetti, sulle città è sempre un punto di vista da architetto, vedo tutto da quella posizione e per questo ho sempre una visione precisa del progetto, una mia 'etica' di progetto che non può essere compromessa."

Trovare la soluzione coincide con la sua personale idea del limite, ed è per Delrosso filosofia di vita. "Quando trovo una soluzione di progetto che giudico perfetta, è un momento di magica euforia, breve e quasi impercettibile, ma intenso. È quello che io definisco il raggiungimento di un limite, del limite legato a quel momento e a quel contesto, che unisce le mie esperienze precedenti e in qualche modo le azzera, creando spazio per diverse opportunità, tutte da sondare. Nel prodotto, a differenza dell'architettura che ha vincoli normativi, strutturali, orografici, di orientamento, il punto di partenza ha sicuramente meno limiti e più libertà progettuali. Mi interessa identificare qual è il limite massimo, ragionando sulle implicazioni tecnologiche e tecniche o delle proprietà dei materiali, ed entro quello mi spingo alla ricerca della definizione di forme e funzioni."

Il limite, quindi, come metafora dell'andare oltre. Come stimolo per cercare nuove sfide, ma anche nuove emozioni, all'insegna della libertà creativa e delle connessioni più insolite. "Quando progetto ho sempre bisogno di trovare una ragione che mi faccia appassionare. È una molla fondamentale per me, e non solo nel lavoro. Trasformo

but instead is always preceded by the aesthetic priorities that determine the stylistic perception at both compositional and global levels, a responsibility his work always seems to account for.

The result of this way of proceeding is an unbroken narrative that draws a neat line, yet with hidden evolutions. The same line that he accords to his projects. This linear geometry is one of his innate qualities, as is his penchant for the minimal. They reflect more a rational than an abstract background, in which the extreme compactness of the outcome is a combination between a keen determination of reaching and stretching boundaries and generating surprise – in most cases – by the quest for simplicity as an answer to complexity. It is an attitude but also a viewpoint that explains his rapport with space, which always strives beyond its physical boundaries through a determining emotional engagement with light, a feature meticulously assessed in all its natural variations and nuances throughout the course of the day, and the interplay between light and shade when the lighting is artificial. It is no wonder, then, that his lamp designs or furniture – such as those in the company catalogues of davide groppi and HENRYTIMI in particular – were originally conceived for specific places. They were born as part of his projects for interiors, yet this does not deprive them of autonomy and aptness in other context. "Every object is tied to an architectural project. Every form could itself be a piece of architecture. I try to keep a global view of things. I always look at places, objects, and the city from the architect's viewpoint, I see everything from that angle, which is why I have always had a clear picture of design, a personal 'ethic' of design that shuns compromise."

The quest for the right solution is part and parcel of Delrosso's personal sense of limit or threshold, and his philosophy of life. "When I hit upon what I feel is the perfect solution for a project, I get a sudden flash of euphoria, only for a fraction of a second, but intense enough. That is what I call reaching the threshold, the one which is linked to a given moment or context, which fuses my previous experiences and to some extent annuls them, creating room for diverse new opportunities to be reconnoitred. As for designing objects – which differ from architecture with its sets of building norms, structural parameters, geographical features, orientation rules – the act is certainly less limited and allows for greater creative flexibility. I'm interested in pinpointing the outer threshold as I reason through the technological and technical implications, or the properties of the materials I'm using, and once this is determined I then set about defining the forms and functions involved."

For him this threshold is therefore a metaphor for pushing boundaries. It provides a stimulus for new challenges, but also new emotions in the name of creative liberty and uncharted connections.

quello che faccio in un gioco, libero da condizionamenti. È come tornare bambini. Generare un'emozione per me è la quarta dimensione fondamentale del mio lavoro. Quella emozionale." Un'occasione per spingersi sempre un po' più in là. Esemplificativo di queste premesse è il progetto benefico *Contaminazioni* a favore di Save the Children: "Un omaggio al gioco, all'emozionabilità, che ritengo essere alla base di ogni attività creativa. Ed è allo stesso tempo un modo per sottolineare l'importanza dei valori veri della vita, contro l'inaridimento diffuso". L'iniziativa nasce nel 2009 con un allestimento per una performance dedicata ai bambini, condivisa con l'artista Giovanni Manfredini, intorno a cinque "sedute modulo" che rappresentano idealmente i cinque continenti nei quali l'operazione è destinata a viaggiare per ampliare i confini e le finalità della progettazione.

Scelte di vita

La passione per il costruire, il confronto con i materiali e la rara concretezza che lo definisce costituiscono una sapienza che gli deriva dalla lunga frequentazione del laboratorio del nonno materno, dove si costruivano modelli di legno per l'industria metalmeccanica: "Sin da piccolo ho sempre giocato costruendo cose". Tutto ha inizio lì, in età prescolare, sul finire degli anni sessanta, nella campagna biellese dove sorgeva anche la cascina degli zii. Il luogo dell'infanzia per eccellenza, in cui l'alternarsi dei giorni e delle stagioni si presta alle scoperte più disparate: la solitudine, il rapporto con gli animali e la natura, l'avventura, l'indipendenza, la libertà e l'acquisizione degli strumenti basilari per sperimentare e comprendere il funzionamento delle cose. Tutti elementi che hanno alimentato, invece che domare, un'innata irrequietezza e l'altra sua passione: la velocità, che nel tempo ha trovato sfogo e ragione con le moto e soprattutto nell'automobilismo agonistico. "Dopo quella per i cavalli, che hanno sempre avuto un posto speciale fra i sette e i quattordici anni, con la fortuna di averne uno tutto mio, quella per l'automobilismo è una passione totalizzante. Mi accompagna forse da sempre. Non è solo spirito di competitività, ma mi ha aiutato a costruire il senso di responsabilità in quello che faccio e mi ha insegnato a sentirmi veramente libero di cercare il mio limite, assumendone i rischi". Sono gli anni della spettacolare ascesa del campione di tutti i tempi, il brasiliano Ayrton Senna, sulle cui conquiste Delrosso, propenso più agli sport individuali che a quelli di squadra, sembra aver forgiato la sua personalità. Serba intatto il ricordo di alcune sue riflessioni, che riporta: "Pensi di avere un limite, così provi a toccare questo limite. Accade qualcosa. E immediatamente riesci a correre un po' più forte, grazie al potere della tua mente, alla tua determinazione, al tuo istinto e grazie all'esperienza, puoi volare molto in alto". E ancora: "Fi-

"When I'm designing I always get excited about what I'm doing. This is a crucial motivator for me, and not just on the work front. In this way the task at hand becomes a source of fun, free of restrictions. It's like being a kid again. You might say that excitement is the fundamental fourth dimension of my work. The emotional dimension." It incites him to push his own boundaries, as it were. A prime example of this premise is the benefit project "Contaminazioni" (Cross-pollinations) for the Save the Children foundation, which he declares, "is a homage to play, to our innate sense of fun, which I believe to be the root of all creative activity. And at the same time it's a chance to stress what is really important in life, an antidote to the widespread aridity". The initiative came into being in 2009 with a performance installation for children, shared with Giovanni Manfredini, based on five seating units that represented the cultural variety of the five continents of the world, in which the pieces were intended to travel, as a means of expanding the confines and purpose of the original project.

Life choices

Delrosso's passion for construction and his mastery of materials and their intrinsic attributes of solidity were acquired through long sessions in the laboratory of his maternal grandfather, who built wooden models for the manufacturing industry. "From my childhood, play meant building things." It all began here at the end of the 1960s, even before he started school, in the Biella countryside where his uncle's farmhouse also stood. It was the perfect place for growing up, in which the alternating days and seasons fostered all kinds of discoveries: solitude, being with animals and nature, adventure, independence, freedom, and acquiring some of the basic tools for experimenting and understanding how things worked. All elements which merely spurred rather than allayed his inquisitiveness, along with another of Delrosso's passions, namely *speed*, a craze he has played out through his motorbike and especially car-racing.

"Along with my love of horses, which had a special place in the years between seven and fourteen – I was lucky enough to have one of my own – my addiction to motor-racing is all-consuming. I've been crazy about racing maybe all my life. It's not just the competitive side – it has helped me grow a sense of responsibility for what I do, and taught me to be truly free to find my limits and take on the risks." Those were the years of the inexorable rise of the world's greatest racer, the Brazilian champion Ayrton Senna, whose victories Delrosso seems to have taken on board to forge his own personality. He remembers some reflections he had at the time. "You believe you have a breaking point, so you try to reach it. Something happens. Suddenly you can go faster, thanks to the power of thought, to your determination and instinct and thanks to your

no a che la mia passione per la mia professione sopravvive, il mio sogno sopravviverà. Il giorno in cui questa passione comincerà a indebolirsi, il mio sogno finirà. La Formula 1 è un mondo di forti emozioni e personalità dove il debole non sopravvive". Con le dovute differenze, non è difficile leggere fra le righe similitudini di approccio e sentimenti e in qualche modo indicare Senna come un maestro di vita. Sul filo delle passioni, matura anche quella per l'architettura. Appena finiti gli studi da geometra, e per mantenere il suo sport costoso, affianca il padre, anch'egli geometra, nel suo studio di Biella. Accumula esperienza nel campo edilizio, districandosi fra vita di cantiere, normative, committenze pubbliche e private, dedali burocratici, soluzioni costruttive e conoscenza dei vincoli legati alla conservazione degli edifici storici e protetti. Affinando l'abilità per disegni tecnici e bozzetti, che rimane tuttora la sua cifra progettuale, mai divenuta digitale. Su quella che sembra una strada segnata, dopo cinque anni di attiva "gavetta", si fa chiaro il percorso autonomo che vuole imboccare e dirige i suoi passi verso il Politecnico di Milano. Intraprende gli studi di Architettura fino alla laurea, conseguita nel 1996, senza mai abbandonare lo studio del padre, di cui da lì a poco, alla sua prematura scomparsa, eredita l'attività.

Identità e passione

"Non è stato facile sganciarmi dall'identità di mio padre, professionista affermato e stimato. Ma assecondando il mio istinto, avevo già iniziato a seguire alcuni lavori con un approccio nuovo e dopo la sua morte, superando le iniziali difficoltà che il passaggio di testimone ha necessariamente implicato, ho potuto scegliere la mia strada." Inaugurata finalmente agli inizi del Duemila, con il suo nome, in un loft di sua ristrutturazione dentro un cortile nel cuore di Biella. Nei passi che seguono, il rapporto con la cittadina di nascita, i dintorni rupestri e il cordone familiare offrono opportunità di confronto nel settore residenziale e rafforzano le ragioni delle sue scelte, ma nel frattempo la curiosità lo indirizza su obiettivi più istantanei e metropolitani: progetti di interior e commerciali. Che contemporaneamente si espandono al design e verso l'estero, in particolare negli Stati Uniti, facendo di New York un suo epicentro di interessi personali e professionali. "Amo le città e i paesaggi visti dall'alto. Sui tetti delle città c'è un'altra vita. Mi riconosco nell'energia di New York, ritrovo la stessa libertà che provavo in campagna da piccolo, la sensazione di poter fare qualunque cosa in ogni momento, in più sentendomi uno qualunque. Forse è anche dovuto al mio primo ricordo, alla prima immagine che ricordo della mia infanzia. Risale credo all'età di quattro anni, sempre nella casa dei nonni. È l'immagine del mio bisnonno, seduto sullo sgabello rosso di legno, a fumare la pi-

experience you can fly even higher." Elsewhere he observed: "For as long as my passion for my profession remains, my dream will survive. The day when this passion begins to fade, my dream will end. Formula 1 racing is a world of intense emotions and personality, where the weak cannot survive". Despite the inevitable differences, between the lines one can detect similarities of approach and feelings, and in some ways see Senna as Delrosso's "life coach" of sorts. So, as the young Delrosso followed his passions, he likewise began to get interested in architecture. To fund his costly taste in sport, as soon he had graduated in surveying Delrosso went to work at the Biella studio of his father, who was also a surveyor. Here he acquired experience in the building sector, accruing expertise in on-site practices, building regulations, public and private commissions, the maze of red tape, construction solutions, and knowledge of restrictions tied to the conservation of historical and listed buildings. Meanwhile he honed his skills on the drawing-board and with sketching – both of which have remained very much his signature design method, eschewing digital altogether. Just when his path seemed set, after five years of this hands-on activity in the field, he veered off into the direction of the Milan Politecnico, where he earned a degree in architecture in 1996, though without ever quitting work at the studio of his father, whose premature death made him heir to the business.

Identity and passion

"It was not easy to break free of my father's wide renown and reputation as a professional. But I followed my instincts and had begun to tackle certain jobs with a new approach, and after the initial upheavals of taking things over which his death inevitably involved, I succeeded in choosing my own path." That path was finally inaugurated at the start of the new millennium, in his own name, with a restructured studio apartment inside a courtyard in the heart of Biella. In the ensuing steps, Delrosso's ties with his hometown, with the rocky surroundings, and family network offer many occasions to take on contracts for residential projects and strengthen his evolving ideas; but in the meantime his keen curiosity drew his attention to jobs of a more immediate and urban nature, involving interior designs and store makeovers.

Alongside these he continued exploring design, and also began to look overseas, particularly in the United States, making New York the hub of his personal and professional interests. "I love the city and the overhead views of the surroundings. On the city rooftops life is quite different. I identify with the energy of New York, and feel as free as I did in the countryside when I was little, that feeling I can do anything I want at any time, and also feel like I'm no one special. This may have something to do with my first memory, the first

pa in giardino. Non è un ricordo nostalgico, poiché non ho avuto neanche il tempo di affezionarmi a lui, che è morto in quello stesso periodo; ma forse c'è qualcosa di più grande che mi lega a questa figura, o che ci lega: è la città di New York. Era emigrato come tanti, in cerca di fortuna, scegliendola fra le altre perché era un musicista. Sento qualcosa di molto forte in quella città, uno strano spirito di appartenenza, quasi fosse lì la mia casa. Dalla parte opposta, nel Mediterraneo, la New York europea: Istanbul. Mi affascinano le persone, i suoni e i profumi che lì si ascoltano e respirano, e il mix Oriente/Occidente. Una parte di me le appartiene."

Sulla spinta di queste nuove e ritrovate suggestioni, e per via dell'intensificarsi delle opportunità lavorative avviate negli anni fra Miami e New York, agli esordi del 2009 sposta a Milano indirizzi di casa e studio, già nel 2004 ribattezzato Federico Delrosso Architects. La decisione recente di stabilire un ufficio anche a New York, come sede distaccata di quella milanese, lo porterà a più lunghe permanenze e a trasferire gran parte dell'attività oltreoceano, dando il via a un nuovo ciclo. Questo libro nasce ora proprio per raccontare come tutte queste storie sono divenute progetti: il viatico per quelle a venire.

image I can remember from my childhood. I was four I guess, and at my grandparents' place. I can see my great-grandfather sitting on a red wooden stool in the garden, smoking his pipe. It's not nostalgia talking, as I didn't have time to get fond of him because he died around this same period, but something greater maybe ties me to the figure of this man, or ties us both, and that is the city of New York. He was an immigrant like many others, hoping to make his fortune, making his choices because he was a musician. I feel something really strong about this place, a sense of belonging perhaps, as if it were home. On the opposite side, in the Mediterranean lies that New York of the east, Istanbul. There I am fascinated by the people, the sounds and smells you can experience there, the East/West mix. Part of me belongs there."

Driven by these novel sensations and intent on increasing the professional ties secured over the years between Miami and New York, in early 2009 Delrosso transferred his home and workshop from Biella to Milan, where he had already founded the studio Federico Delrosso Architects. The recent decision to set up a sister office in New York as a satellite to the Milanese base, will entail longer sojourns abroad and eventually to shift most of the studio's activities to the other side of the Atlantic, heralding a new phase of activity. The present volume provides an account of how all these stories turn into projects, and offers a handbook for the stories yet to come.

L'automobilismo è la più grande passione dell'architetto. Qui con il casco personalizzato al volante della sua monoposto di F3

The architect's greatest passion is car-racing. Wearing the customised helmet at the wheel of his single-seater Formula 3 car

Architettura

Architecture

Il dettaglio e la visione complessiva

Detail and overall vision

Cascina Plino
Lessona (Biella), 1999-2002

Fotografie / Photos Matteo Piazza

Un ciclo importante della storia progettuale di Federico Delrosso parte dalle scommesse poste dal rigore di un'antica cascina del 1840. Costruita da Giovanni Antonio Sella, passa di proprietà nel 1998; qualche anno dopo la nuova famiglia proprietaria decide per una ristrutturazione che riguarda anche l'estensione esterna, per una superficie totale di 420 metri quadri oltre ai 140 del terrazzo. Con grande libertà di sperimentazione da parte del committente, ma con forti difficoltà autorizzative per la tipologia di fabbricato, vincolato da norme strettamente conservative, l'intervento parte proprio dalla copertura che cinge i prospetti sud-est con un camminamento protetto, per aprirsi a sud-ovest con un volume netto ed etereo verso il panorama, creando una terrazza sul verde circostante e il paese sottostante. L'ampia ed essenziale struttura di ferro zincato, che nasconde un sistema di tende parasole e antivento, anticipa e richiama il linguaggio materico del corpo scala interno, nodo di collegamento fra i due livelli e il soppalco di cui si compone la casa. La struttura in acciaio, verniciata di bianco, è il filo conduttore che contiene i gradini di calcestruzzo delle prime due rampe, per poi farsi scarna e leggera nella trasparenza del vetro, proprio come un semplice segno di unione. La salita sembra infatti completarsi nel vuoto, interrotto solo a tratti dal pieno del legno nel pianerottolo di accesso alle stanze del secondo livello. Il gioco di trasparenza è richiamato a sua volta dalle pareti di policarbonato dei vani servizio, movimentate dai profili degli oggetti. Il piano terra è dominato dalla luce, che riempie lo spazio, dilatato dall'evanescenza del bianco, fin sugli alti soffitti disegnati dal gioco degli archi originari, volontariamente mantenuti a testimonianza della storia del luogo. Un confronto che Delrosso non manca mai di indagare.

An important cycle in the history of Delrosso's varied exploration of design began with the challenging rigour of an old farmhouse dating from 1840. Built by Giovanni Antonio Sella, the property exchanged hands in 1998, and a few years later the new owners decided on a renovation plan that also involved an extension, covering a total of 420 square metres, besides 140 square metres of patio. Although the clients gave Delrosso a very free hand, any changes to the property were limited by strict conservation regulations. The intervention took its cue from the roof over the south/east prospects, including a protected walkway opening on the south/west flank with a neat and lean block facing the landscape, creating a terrace looking onto the greenery and town below. The large but essential structure in galvanised iron, which hides a system of louvres deflecting both light and wind, offers a foretaste of the material employed for the staircase unit inside, which connects the house's two levels and mezzanine. The steel structure, painted white, is the central idea containing the concrete steps of the first two flights, becoming narrow and lighter with steps of clear glass, forming a simple bridging motif. The staircase in fact seems to peter out as it climbs, and is interrupted occasionally by the solid wooden landings leading to the rooms on the second level. The interplay of transparencies is reiterated by the walls in polycarbonate for the service units, which are animated by the shapes glimpsed inside. The ground storey is flooded with light, which pours into the space and is heightened by the shimmering white surfaces, bathing the ceilings with their pattern of original arches, which were voluntarily retained as testaments of the place's history, an element Federico never fails to inquire into.

Il vecchio prospetto e come si presenta oggi, con il nuovo portico di ferro zincato che si apre in una terrazza belvedere

The prospect as it was and how it looks now, with the new portico in zinc-plated iron giving onto the panoramic terrace

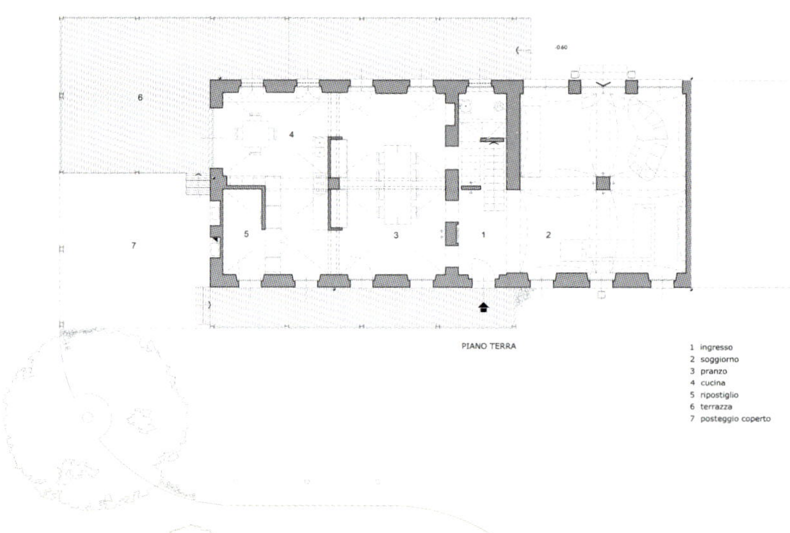

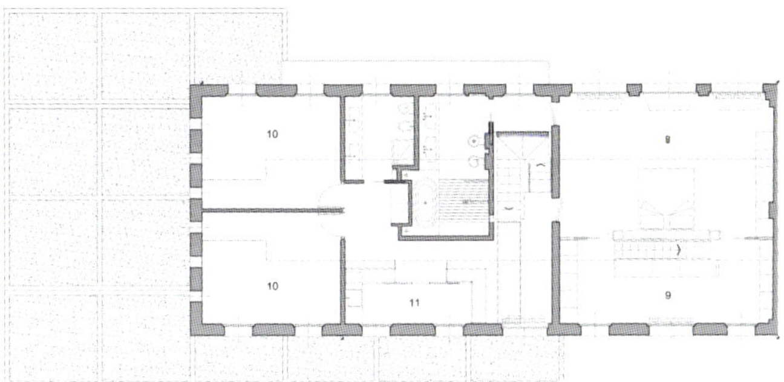

PIANO PRIMO

8 camera matrimoniale
9 cabina armadi
10 camera singola
11 lavanderia

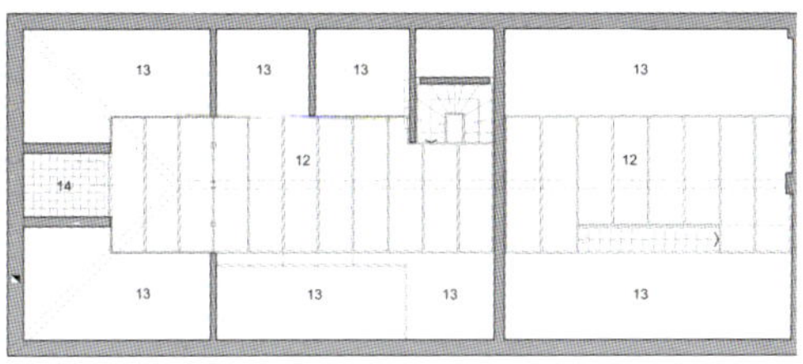

SOPPALCO

12 soppalco
13 ambienti a doppia altezza
14 terrazzo

I pavimenti del piano terra sono in cemento lisciato (Tecnicem, Milano) e nascondono l'impianto di riscaldamento radiante

The floors of the ground storey in polished concrete (Tecnicem, Milan) conceal the underfloor heating

Il monoblocco cucina Bulthaup è stato studiato a misura per lasciare a vista la volta ad archi e per dare accesso alla dispensa

The Bulthaup kitchen unit was custom-made to leave the vaults visible and allow access to the larder

Il tavolo e i mobili in legno (Gardiman, Biella) e ferro (Fortin, Biella) sono stati disegnati dall'architetto

The table and wooden furniture (Gardiman, Biella) and iron furniture (Fortin, Biella) were designed by the architect

Il corpo scala (Fortin, Biella), staccato dalle pareti, è un'alternanza fra pieni e vuoti realizzata in cemento, ferro e vetro. Quest'ultimo garantisce il passaggio della luce e apre varchi visivi nel pavimento di legno del piano superiore verso quello sottostante

The staircase (Fortin, Biella), climbing free of the wall, is a system of alternating mass and void made of concrete, iron and glass, the latter allowing the light to percolate, while glazed inserts in the wooden floors of the upper storey offer glimpses of the downstairs

Le pareti del vano di servizio sono di policarbonato: come un contenitore fuori scala lasciano intravedere il contenuto

The service unit with its walls of polycarbonate resembles an outsize container that allows a hint of its contents

Le finestre della camera padronale mantengono la forma ad arco originale

The windows of the master bedroom retain their original archways

ATLANTIDE

Operosa e piacevole funzionalità

A functional blend of work and pleasure

Studio Delrosso
Biella, 2001

Fotografie / Photos Matteo Piazza

Il cambiamento nella vita familiare e professionale coincide con il passaggio fra il vecchio e il nuovo millennio. Un'epoca nuova si apre per tutti: i vecchi e tradizionali luoghi di lavoro sono definitivamente abbandonati e lasciano il posto a nuove modalità abitative e lavorative. Chiuso lo studio paterno, per proseguire l'attività l'architetto sente il bisogno di creare uno spazio che gli somigli: e sono i locali in un bel cortile di Biella, lasciati vacanti da un laboratorio tessile, a creare l'opportunità. La fatalità crea un precedente che si ripete con le dovute differenze in altre occasioni: la progettazione contemporanea di due luoghi pressoché gemelli. In questa area specifica nasce prima lo studio e, in seguito, la casa Delrosso; i due corpi, divisi dal passaggio carraio, sono uniti idealmente da una copertura di ferro e vetro e si guardano l'un l'altro attraverso grandi vetrate, inserite in luogo dei tamponamenti lungo i lati di ingresso. L'area di lavoro dell'architetto è caratterizzata da un'ampia vetrata, sulla quale "galleggia" un lungo mobile contenitore rosso, e dal pavimento in pietra, quasi a stabilire il contatto con l'esterno più che con l'interno, interamente pavimentato di legno. Lo studio open space comprende una struttura a shed, dedicata all'area operativa, e un edificio basso articolato su due piani, dove trovano posto la zona di lavoro dell'architetto, la sala riunioni e la biblioteca. Nel bianco assoluto, una precisa cifra stilistica, vengono evidenziati tutti i dettagli industriali preesistenti, travi a soffitto e pilastri di ghisa, accentuati dagli impianti elettrici, di riscaldamento e di condizionamento a vista. Delrosso lascerà questo studio dieci anni dopo, quando si trasferirà a Milano: per casualità, in una via omonima.

Changes in domestic and professional life coincided with the new millennium. A new era began for everyone as the old traditional workplaces were definitively abandoned and made way for new modes of living and working. After closing his father's studio, Delrosso felt the need to create a space tailored to his professional activities. The opportunity came in the form of a series of rooms looking onto a courtyard in Biella, left vacant by a textile workshop. Fate played its hand creating a precedent that would repeat itself with due differences on other occasions: the simultaneous design of two places that were virtually identical, respectively spawning first the new Delrosso studio, and then the new family home. Separated by a carriageway, the two buildings were joined via a new roof in iron and glass, and look onto each other through large windows that were inserted in place of the sections along the entrance. The architect's work area boasts ample glazing dominated by a long red container "floating" over a stretch of stone flooring that seems to establish a closer bond with the court outside than the wooden floor covering the entire interiors. The open-plan studio comprises a shed structure for the work area, and a lower block with two storeys containing the architect's personal work zone, the meeting room, and the studio library. Punctuating the signature white scheme throughout are numerous original industrial features, such as the overhead beams and iron pillars, offset by exposed HVAC ductwork. Ten years after its creation, the firm left the site for new premises in Milan that, fate would have it, were established on a street that carried the same name.

Il primo Studio Delrosso è stato ricavato in un vecchio laboratorio tessile in un cortile del centro storico di Biella. Nella totalità del bianco, del vetro e dell'acciaio, l'unico segno di colore è il contenitore sospeso laccato rosso, posizionato alle spalle del tavolo di lavoro dell'architetto

The first Studio Delrosso was installed in a former textile workshop inside a courtyard in the historic centre of Biella. With its uniform scheme of white, glass and steel, the only note of colour is the red lacquered container suspended behind the architect's work-desk

STUDIO DI FATTIBILITA' AREA EX RIVETTI

Gli spazi di lavoro, ampi e luminosi, sono ottenuti nella struttura a shed. Dominano gli impianti di riscaldamento e raffrescamento mantenuti a vista, a testimonianza del carattere industriale del luogo

The wide and generously lit work-spaces are situated in the factory shed. In evidence are the HVAC systems, which are left visible as a reminder of the building's previous life as a factory

Tutti gli arredi sono su disegno a misura, realizzati da Gardiman, Fortin, Biella

All the furniture has been custom made by Gardiman, Fortin, Biella

Flessibilità nella continuità dello spazio

Flexibility in continuity of space

Casa Delrosso
Biella, 2006

Fotografie / Photos Matteo Piazza

È uno dei corpi di fabbrica dell'ex laboratorio tessile, nello stesso cortile dove qualche anno prima era stata completata la ristrutturazione dei locali divenuti sede dello Studio Delrosso a Biella.
Le pareti mobili sono il tema di questo loft, abitato per un certo periodo dall'architetto.
Al piano terra il grande e luminoso ambiente unico è delimitato parzialmente da una cortina mobile di legno che può escludere, al bisogno, la cucina a vista contenuta in due volumi di ferro cerato.
Ma il movimento delle pareti prende carattere nel soppalco, dove l'affaccio del ballatoio-zona notte è scansito da una serie di pannelli ancorati al pavimento e alla trave sotto il soffitto con un perno centrale che consente di modulare l'apertura e la chiusura. Pensate come quinte di una scena sempre viva, diventano anche supporto per opere d'arte. Il vedo-non vedo, la libertà di un luogo aperto e flessibile caratterizza ugualmente le pareti del bagno che lo separano dal corridoio, creato da due volumi armadio, e dalla camera da letto: sono di vetro, solo in parte acidato.
Anche in questo progetto è particolare il segno grafico della scala, una presenza discreta nella sua estetica funzionale. Nel suo insieme lo spazio respira nella luce che proviene dalle ampie finestrature e dalle aperture zenitali.

This is one of the wings of the former textile workshop in the same courtyard in Biella, where some years earlier a block had been converted to accommodate the Studio Delrosso. One of the key features of this studio apartment inhabited by the architect himself for a while is the swivelling partition. On the ground storey the single well-lit space is partially divided along one side by a cordon of wooden partitions that enable selected sections to be closed off, such as the kitchen, which is coralled behind two sliding panels of waxed iron. This moving partition idea is repeated upstairs on the mezzanine, where the balcony-style night section is bordered by large panels hinged at the middle that allow variable spatial flow or closure on demand. These partitions work like scenery flats in an ever-fluid setting, while doubling up as display surfaces for artwork. This show/hide system generates an open and flexible environment that is equally expressed in the walls separating the bathroom from the corridor, created by two wardrobe units, and from the bedroom: made of glass, they are only partially frosted. As in other projects by Delrosso, here too the staircase offers a graphic motif that is discreet in its functional aesthetic. A generous natural light breathes through the space via wide windows and the skylights set into the roof.

Nello stesso cortile dello Studio, l'architetto ricava anche il loft che adibisce ad abitazione privata

Across the courtyard from the Studio, the architect created a studio apartment as his private residence

Il soppalco è delimitato da una parete a pannelli mobili che possono chiudere totalmente o parzialmente lo spazio

The mezzanine area is bordered by a partition of swivelling panels that can either partially screen or completely close off the space

Il particolare disegno grafico della scala (Fortin, Biella)

The unusual graphic design of the staircase (Fortin, Biella)

I toni scuri del tabacco per il pavimento, del marrone per gli ampi divani della zona soggiorno e del nero per gli infissi delle finestre giocano con il total white delle pareti, delle travi e delle ringhiere

The deep tobacco tones of the floor, the brown of the sofas in the living area and the black of the window-frames starkly play off the total white of the walls, beams and railings

Profili di ferro e morbidi tessuti costruiscono un baldacchino pulito e stilizzato, a creare una zona intima nello spazio aperto (Fortin, Gardiman, Biella)

A series of slender iron frames and soft fabrics compose the lean, stylised baldacchino, generating intimate areas within the open layout (Fortin, Gardiman, Biella)

Le pareti del bagno sono di vetro in parte acidato, a creare un effetto vedo-non-vedo

The walls of the bathroom are partly frosted to create a peekaboo effect

Differenziare nella continuità

Differentiating in continuity

Sella Bank
Lugano, 2002

in collaborazione con / in collaboration with Mauro Schiavon
Fotografie / Photos
Federico Delrosso Architects

Se è vero che l'architettura è un mezzo di comunicazione, l'affermazione trova conferma in questo edificio per uffici. Una costruzione di ferro e vetro, con copertura in Rhein-Zink, nata come ampliamento di un edificio in muratura di inizio secolo scorso appartenente alla società bancaria Sella Bank di Lugano. È, come sempre in questi casi, una questione di scelta: segnare la differenza o mimetizzarla. Per coerenza e adesione alla contemporaneità, nell'incarico di consulenza per la revisione architettonica del progetto elaborato da Archiconsult di Lugano, Delrosso opta per la prima via. Sottolineare l'esigenza del committente significa anche raccontare l'ampliamento delle sue attività e quindi dichiararne il prestigio, rimarcandolo come una nuova tappa nel corso del tempo. Ed è il collegamento con il vecchio edificio, di cui l'architetto esegue contemporaneamente il restauro e la risistemazione interna dell'ingresso, a costituirne la più autentica espressione.
Una teoria di scale corre fra l'uno e l'altro, all'interno di un volume di vetro che le rivela all'esterno, mostrando e riempiendo il vuoto con la trasparenza. Le due costruzioni si compenetrano, non solo idealmente ma anche nel riflesso del rivestimento del nuovo corpo di fabbrica. Caratterizzato da un'austerità formale ammorbidita dalla copertura a semicerchio, quest'ultimo è retto da pilastri sotto i quali trovano spazio i parcheggi e i box auto. Mantiene lo stesso rigore anche in pianta, prevedendo un layout tradizionale per la suddivisione delle stanze che accolgono gli uffici, tutti generosamente rischiarati dalla luce naturale delle superfici vetrate.

If it is true that architecture is a means of communication, the maxim finds its confirmation in this office building: a construction in iron and glass with a roof in Rhein-Zink, devised as an extension of a masonry building erected in the last century, and belonging to the Sella Bank in Lugano. As always in such cases the question is whether to emphasise the difference or to disguise it. Intent on remaining faithful to contemporary style, for this commission involving an architectural revision of the project drafted by Archiconsult of Lugano, Delrosso opted not to disguise the new extension. Highlighting the needs of the client meant also denoting the expansion of the bank's activities, and therefore marking the prestige of this new stage of its growth. The fulcrum of the new scheme is the linkage with the old building, whose restoration and entrance makeover were designed by Delrosso at the same time. A staircase runs from one to the other within a glazed unit that makes it visible from outside, thereby both announcing and filling the gap transparently. In this way the two buildings intersect, not just virtually but also through the reflections in the cladding of the new section. The extension's austere style is attenuated by the curved roof resting on pillars, beneath which lie the parking spaces and garages. The same rigour has been applied to the floor-plans, devised with a traditional layout of subdivisions into separate rooms housing the offices, and generously supplied with daylight through the ample glazed surfaces of the frontage.

Il nuovo corpo di fabbrica in ferro e vetro si inserisce in maniera autonoma riprendendo nella copertura a semicerchio il disegno delle finestre dell'edificio preesistente

The new addition in iron and glass provides a self-sufficient complement, its arched roof echoing the design of the windows of the pre-existing building

SELLA
BANK
P

Scenografie strutturali

Villa EB
Mendrisio, 2004-2007

Fotografie / Photos Luca De Santis

La parola "esoscheletro" è quella che ricorre più sovente nelle conversazioni di Delrosso riferite alla sua concezione di casa. E se ne comprende la ragione guardando questo intervento di ristrutturazione, condotto tramite addizione verticale e orizzontale di nuovi volumi, ancorati mediante quinte murarie e con l'aggiunta di una gabbia metallica esterna. Le nuove pareti strombate in Pietra di Trani sovvertono i riferimenti consueti: somigliando a permanenze di un muro precedente, innescano nuovi giochi di forza. La struttura di metallo è il segno con cui si ricompone tutta la facciata, coniugando gli effetti strutturali, funzionali e protettivi. Si è quindi sovvertito del tutto lo schema compositivo precedente e si è innescata una trasformazione radicale estensibile alla reciproca interazione delle energie interne e con il luogo, dando una possibilità di vita completamente diversa al nuovo "organismo" che ne è derivato. La piscina è lo specchio in cui si riflette e si amplia la possibilità di vivere l'esterno. Il tutto riassume un'adesione al principio base secondo cui le funzioni mutano l'architettura. Le esigenze dei committenti andavano proprio in questa direzione: uno spazio adeguato al loro stile di vita che corrispondesse alla nuova identità estetica della casa appena acquistata.

Structural scenographies

A word Delrosso often slips into the conversation when talking about his conception of the home is "exoskeleton". It is easy to see why from this refurbishment project that involved additions both vertically and horizontally, anchored by masonry partitions and with the addition of an external metal framework. The new walls in Trani stone provide a slightly subversive sense of thrust, their gentle tapering even suggesting a residue of some previous masonry and generating new force-lines. The metal framework imposes the new signature to the façade, orchestrating the various structural, functional and insulation features. The new design subverts the previous compositional scheme, triggering a radical transformation that involves a mutual interaction of the internal energies with the place, giving entirely different life prospects to the new "organism" thus created.
The swimming-pool is the mirror that reflects and amplifies the outdoor activities. The project as a whole encapsulates the basic principle by which the functions of a building affect the architecture. The clients' needs clearly pointed in this direction in their request for a space tailored to their lifestyle that corresponded to the new aesthetic identity of the house they had just purchased.

L'intervento ha previsto una ricomposizione totale della preesistenza, comprensivo della parte interrata sotto la piscina e delle autorimesse

The operation involved a complete recast of the pre-existing fabric, including the basement level beneath the pool and the underground garage

La struttura metallica (Fortin, Biella), come un telaio, integra anche visivamente la sopraelevazione e trova la sua funzionalità nella creazione dei balconi e nascondendo le tende parasole. Nella parte esistente sono state conservate le aperture ad arco

The frame-like metal structure (Fortin, Biella) visually incorporates the new raised sections and deftly generates the balconies while concealing the retractable awnings. The original sections of the building retained the arched openings

Le quinte strombate di pietra di Trani (Ariotti Marmi) fungono da permanenze dell'esistente. La piscina e la palestra sono state realizzate ex novo creando un'unica zona fitness (Gardiman, Biella per tutte le opere di falegnameria)

The slanting walls in Trani stone (Ariotti Marmi) are reminders of the existing fabric; the pool and the gym, combined in a single fitness zone, were created from scratch (Gardiman, Biella for the woodwork)

La scala di metallo e vetro (Fortin, Biella) si compone, come in altri progetti, con un impatto grafico e leggero

The staircase in metal and glass (Fortin, Biella) affords a lean line of ascent found in several other projects

Nella zona living i tagli di luce (davide groppi) a soffitto contribuiscono a definire lo spazio

In the living area the light troughs in the ceiling (davide groppi) help define the spaces themselves

Nel corridoio dell'atrio d'ingresso principale, pannelli a doghe scorrevoli nascondono i locali di servizio

In the main hallway, sliding panels of laths conceal the various service rooms

La rappresentazione della materia

Representation of matter

Primat
HQ and showrooms
Occhieppo Inferiore (Biella), 2004-2005

Fotografie / Photos Matteo Piazza

L'involucro di questo parallelepipedo di 350 metri quadri sembra essere il primo biglietto da visita della Primat, un'azienda specializzata nello studio di soluzioni per il risanamento di edifici storici, con una vocazione per i materiali naturali e un alto profilo di ricerca. L'indagine del volume compatto, attraverso le importanti aperture e la forza della materia, ha reso possibile l'incontro fra gli intenti del committente e la visione dell'architetto, a iniziare proprio dalla composizione della pelle dell'edificio. La facciata esterna è infatti realizzata con mattoni di Poroton, intonacati verso l'interno e coperti di sughero e da una guaina nera traspirante all'esterno, scelta che permette una conseguente regolazione termica naturale. La facciata è quindi rivestita ulteriormente in legno Teak africano, lavorato a lamine orizzontali a formare un effetto brise soleil. Con attenzione geometrica si inseriscono un'ampia vetrata dal profilo sporgente, il vasto accesso cavo e le finestre a nastro, leggermente arretrate, che idealmente si riflettono in una stretta e lunga passerella di luce. All'imbrunire appare come un varco luminoso nella pavimentazione d'ingresso, rinnovando il gioco di geometrie che connota tutto l'edificio.

The shell of this rectangular building covering 350 square metres functions like the visiting card of Primat, a company specialising in solutions for historical building refurbishment, noted for its application of natural materials and its high-profile research work. The inquiry into this compact volume, with its assertive windows and entrance and forceful materials, made it possible to dovetail the client's intentions and the architect's personal vision of his work, starting with the composition of the building envelope itself. The shell is entirely composed of Poroton brick, which is plastered on the inside and covered in cork, while the outside is coated in a black air-permeable sheath, a choice that allows for natural thermal regulation. This is then clad in fine African Teak expressed in horizontal laths, producing a sun-louvre effect. Set into the main frontage is a huge window with a slightly protruding frame to the left of a deeply recessed entrance, and overhead a strip window set slightly shy of the façade, a motif echoed in the narrow glazed walkway, which is illuminated at dusk, creating a glowing threshold that endorses the angular geometry of the entire building.

Il rivestimento esterno è studiato per consentire una naturale aerazione della facciata

The outer cladding is devised to permit natural air-flow through the façade

Una passerella di luce alleggerisce e sottolinea la geometricità dell'edificio

A walkway lit from below both relieves and underscores the geometric character of the building

All'interno dominano i colori chiari, dettati dal pavimento di resina (Primat). A contrasto, la scala (Fortin, Biella) è in ferro grezzo, sostenuta da perni di acciaio, e si inerpica scostata dalla struttura portante

Inside, the colour scheme follows a clear palette, starting with the resin floors (Primat). Contrast is provided by the raw iron stairs (Fortin, Biella) resting on struts, free of the support walls

Disporsi al panorama

Villa MM
Vandorno (Biella), 2006-2009, 2011

Fotografie / Photos Fausto Mazza

Il carattere di un ambiente dipende da come sono le cose che lo circondano; e per estensione, l'assunto è valido anche per le persone. È una considerazione sempre presente nella ricerca di Delrosso, che trova applicazione in questa villa monofamiliare di nuova costruzione, estesa su una superficie di 280 metri quadri, oltre i 120 dei patii. Un lavoro particolarmente coinvolgente per lui, perché la villa sorge in un'area legata ai suoi ricordi d'infanzia; infatti Federico è nato e cresciuto in una casa solo qualche passo più in là, e quel paesaggio, ai piedi delle Prealpi biellesi, è parte della sua topografia interiore. La confidenza con il territorio, la portata emotiva e il desiderio di compenetrare la costruzione con il panorama in un afflato univoco sono state le condizioni di partenza. Da qui, l'idea di uno sviluppo orizzontale e di un'area living centrale, completamente trasparente, come raccordo fra la zona giorno – con la cucina, l'ampio soggiorno e la dispensa – e quella notte, occupata da quattro stanze da letto e uno studio. Le due aree sono disposte in due corpi separati, di cui uno a forma trapezoidale con copertura inclinata, l'altro a blocco piano. Evocando il movimento mosso del paesaggio collinare, l'insieme esprime la vicendevole interazione della costruzione architettonica con la natura e quella fra interno ed esterno, continuamente inquadrato dalle numerose e varie aperture, inserite puntualmente nelle diverse stanze come fossero quadri viventi, da osservare ad altezza seduta. Mutevoli, a seconda delle stagioni e della permanenza della luce, fanno vivere lo spazio nel ritmo naturale. Questo intervento è stato progettato e realizzato in parallelo con quello per un'altra casa unifamiliare nella stessa zona. I due progetti sono un ulteriore esempio della particolare dote dell'architetto nel disegnare le forze di relazione con le persone e l'ambiente di uno stesso luogo con una personalizzata variazione stilistica.

Engaging with the panorama

The character of a place depends on what kind of things surround it. By extension, the same thing applies to people. This dictum runs through all of Delrosso's research, and comes into its own in this single-family house of recent construction, extending over an area of 280 square metres, with another 120 of patio space. The project was particularly close to the architect's heart, as the building lies in an area tied to his childhood memories. He was born and raised in a house not far from here, and this stretch of countryside in the shadow of the Alpine foothills of Biella is an indelible part of his personal inscape. Guiding the design choices for the project were his intimate knowledge of the area, its emotional hold upon him, and the urge to find a thrilling way to dovetail the construction with the landscape. Hence the strong horizontals and a completely transparent central hub connecting the day area – comprising the kitchen, large living-room and storeroom – to the sleeping quarters, which consist of four bedrooms and a study. These are respectively assigned to two separate building sections, one having a trapeze shape with a sloping roof, the other a flat unit. Echoing the undulating rhythms of the hilly surroundings, the project expresses the mutual interaction between the architectural construction and the natural setting, the rapport between the inside and the outside, which is continually announced via the numerous windows appointed throughout like so many living paintings, to be admired from a seated position. Ever shifting according to the seasons and length of the days, the windows endow the spaces with Nature's own rhythms. This project was developed in parallel with another single-family house in the same area, and the two designs offer another instance of the architect's ability to devise forceful relations with people and the environment, in the same place, but with a highly personalised stylistic variation.

Il portico di metallo (Fortin, Biella) ha la copertura vetrata e corre lungo la facciata ovest. Il corpo centrale in vetro rappresenta il collegamento architettonico fra le due zone dell'abitazione

The glazed roof of the metal portico (Fortin, Biella) runs the length of the west façade. The central glazed section bridges the two wings of the villa

La villa ha un andamento orizzontale, in cui il ritmo è dato dalla differenza di geometria e di quota dei due volumi

The villa spreads out horizontally, its rhythms provided by the different geometries and levels of the two blocks

Gran parte degli arredi e delle lampade sono a firma Delrosso, realizzati rispettivamente da HENRYTIMI e davide groppi

Most of the furniture and light fittings were designed by Delrosso and produced respectively by HENRYTIMI and davide groppi

Uno scorcio della zona living dalla cucina. La continuità di colori e stile dà unitarietà agli ambienti interni

A view of the living-room from the kitchen. The continuity of style and colour scheme ensures a unitary feel through the interiors

La lampada *Mima* è un punto di luce incassato nel muro. Nel 2008 ha conquistato la Segnalazione per il Compasso d'Oro ADI (Associazione per il Disegno Industriale)

The *Mima* lighting units sunk into the wall below the window. The design earned itself a special mention for the 2008 Compasso d'Oro of the ADI (Industrial Design Association)

Villa RV
Vandorno (Biella), 2006-2009, 2011

Fotografie / Photos Fausto Mazza

Decontestualizzare

I luoghi e le cose mutano. Ma anche le case. Se qualcuno tornasse a Vandorno dopo una lunga assenza e cercasse come punto di riferimento una modesta casa unifamiliare rivestita di cemento rosa con le finestre bianche, non riuscirebbe a orientarsi perché quella che l'ha sostituita non ne serba neppure un lontano ricordo. Ormai al sicuro nella memoria di chi ci abita, e ci ha abitato, e di chi l'ha progettata di nuovo. Delrosso qui ha lavorato su una preesistenza, una casa progettata e realizzata da suo padre negli anni settanta, e poi abitata dai genitori degli attuali proprietari. La seconda generazione, che ha mantenuto l'amicizia instauratasi fra le due famiglie fin da allora, ha voluto affidare la trasformazione proprio a lui. Un vero passaggio di testimone, che chiude un cerchio professionale e personale. Già dall'esterno la nuova veste riconcilia la palazzina con quello che accade all'interno, soddisfacendo le esigenze di identificazione richieste dai nuovi abitanti. È stato un lavoro di riscrittura, compositiva e formale; ma anche di decontestualizzazione dal circostante costruito, che azzera l'orologio del tempo. Il fabbricato nuovo è cresciuto in verticale e in orizzontale su quello vecchio. L'introduzione di un nuovo volume, su tre piani, ha consentito la realizzazione di una piscina rivestita in pietra alla quale si accede dal solarium realizzato in luogo della copertura. Ed è stata aggiunta un'articolata struttura metallica per ricavare ampi terrazzi per la zona giorno e notte e ristabilire un contatto, fino ad allora negato, con il verde nel quale la casa è immersa. Ma anche per creare una maggiore privacy. L'insieme è stato quindi rimodellato per dare al volume una forma geometrica più regolare. L'architetto non nasconde la citazione. A guidarlo nel progetto è stata la celebre Smith House di Richard Meier, basata proprio sullo studio dell'ambiente circostante e radicata nel territorio, con una "naturale artificialità" che muta lo spazio, fondendosi con esso.

Decontextualising

Places and things may change, and so do houses. If someone returned to Vandorno after a long absence and intended to take his bearings from a modest single-family home clad in pink concrete with white windows, he would soon lose his way, because the house that took its place bears no resemblance whatever to the original. Admittedly, that memory lives on in its present and past inhabitants, and in the person who refurbished it. Here Delrosso worked on a pre-existing structure designed and built by his father in the 1970s, and inhabited by the parents of the present owners. This second generation of inhabitants – who have kept up the family friendship established at the time – decided to entrust Delrosso *fils* with the redesign. This transmission from father to son completes the circle both professionally and personally. From the outside the new skin harmonises with what is happening indoors, and fulfils the requirements stipulated by the new inhabitants. The project involved re-scripting the building at both compositional and formal levels, but also a degree of decontextualising with respect to the surrounding built-up area, resetting the clock so to speak. The new building grew upward and outward over the existing structure. The grafting of a new block of three storeys permitted the creation of a swimming pool lined with stone, accessed via a sun-deck created in place of the roof. Additional features include an articulated metal structure providing wide terraces for the day and night area, fostering a hitherto overlooked contact with the greenery in which the villa is immersed. Which also provides greater privacy. The structure as a whole was then remodelled to give the complex a more regular geometrical form. Delrosso is not shy of admitting his references: in this case, he took inspiration from the renowned Smith House by Richard Meier, based on a close study of the surroundings and rooted in the territory, with a "natural artificiality" that alters the space while merging with it.

La complessa struttura metallica che avvolge la villa costruita alla fine degli anni settanta ha permesso la formazione di nuovi spazi di vita esterna, quasi a sbalzo sul bosco circostante

The complex metal structure enfolding the villa built in the late 1970s enabled the creation of new living spaces outdoors, almost overhanging the surrounding woodland

Anche il corpo scala si affaccia verso l'esterno. Una quinta di tamponamento sul balcone esistente diventa un nuovo dettaglio estetico

The stairwell likewise gives onto the view outside. A partition rising to an existing balcony offers a new aesthetic touch

La piscina solarium è stata realizzata in luogo della vecchia copertura

The sun-deck beside the pool was recouped from the former roof

Nella zona living le porte scorrevoli (Gardiman, Biella) costituite da listelli di legno in vari colori separano gli ambienti. Anche in questo progetto Davide Groppi ed Henry Timi hanno affiancato l'architetto nella realizzazione delle lampade e degli arredi

Sliding partitions made of wooden laths of varied hues (Gardiman, Biella) divide the areas of the day zone. Here too, Davide Groppi and Henry Timi worked in tandem with the architect on the lighting and furniture

La scala metallica (Fortin, Biella) si sviluppa sui tre piani ed è affacciata sul bosco a nord

The metal staircase (Fortin, Biella) climbs three storeys and gives onto the woods at the north side

Villa RL
Key Biscayne, Miami FL, 2012

(in progress / pending)

Staccando l'ombra da terra

Si tratta di uno dei progetti più recenti, avviati con l'ampliamento dell'attività dello Studio negli Stati Uniti; al momento in cui scriviamo è in fase di approvazione. Il committente è una famiglia di italiani che opera nel settore degli yacht sull'esclusiva isola di Key Biscayne, nel sud della Florida. Forse da qui, nell'adempimento dei termini di legge anti-allagamento, l'idea di una struttura sospesa a mezz'aria, pronta a prendere il largo. "Tutta la casa è concepita come un volume compatto bianco, tagliato verticalmente da nastri vetrati, parzialmente celati dalla sovrapposizione dei pannelli di tamponamento a sbalzo che spezzano la continuità, dando l'impressione di una superficie discontinua chiusa solo dal vetro." Come sempre è il territorio, un lotto di terreno non particolarmente generoso, a guidare l'interpretazione e la poetica della costruzione. Sui lati di confine est/ovest, la casa è caratterizzata da pareti piene, concepite come pannelli sospesi, staccati dal basamento, per creare l'illusione di una casa "galleggiante", sollevata rispetto al terreno. Solo centralmente è tagliata da un'ampia vetrata verticale, sui due lati est/ovest: una sorta di passante vetrato protetto da due palme preesistenti. La zona giorno si sviluppa verso nord, affacciandosi sulla piastra della zona piscina. La superficie complessiva, circa 450 metri quadri, è distribuita a piano terra con un'area living e una suite ospiti, mentre la zona padronale, composta da tre suite, è al piano superiore.

Detaching the shadow from the ground

This new villa is one of the Studio Delrosso's most recent manifestations of expansion in the United States. As we write the project is awaiting approval. The client is an Italian family operating in the yacht business on the exclusive island of Key Biscayne, in southern Florida. It might be that the requirement to conform to anti-flood norms prompted Delrosso to devise a structure that seems to hover, as if ready to shed its moorings.
"The entire home is conceived as a compact white unit fended vertically with bands of glazing, partially concealed by the overlap of jutting panels that scatter the continuity, creating the impression of a discontinuous surface enclosed only in glass." As in other cases, the poetics of the construction pivot on the plot of land itself, which in this case was not particularly favourable. Characterising the east/west border is a surface of solid walls conceived as panels suspended shy of the base to generate a sense of "floating" above the ground. This format yields at the centre with a vertical window section on the two east/west sides, a sort of glazed gallery shielded by two existing palm trees. The day area extends northwards, looking onto the swimming-pool area. The overall site plan covers around 450 square metres and consists of a ground storey with living-room and guest suite, whereas the family's private area of three suites is housed on the upper storey.

I disegni preliminari di studio

Preliminary drawings of the project

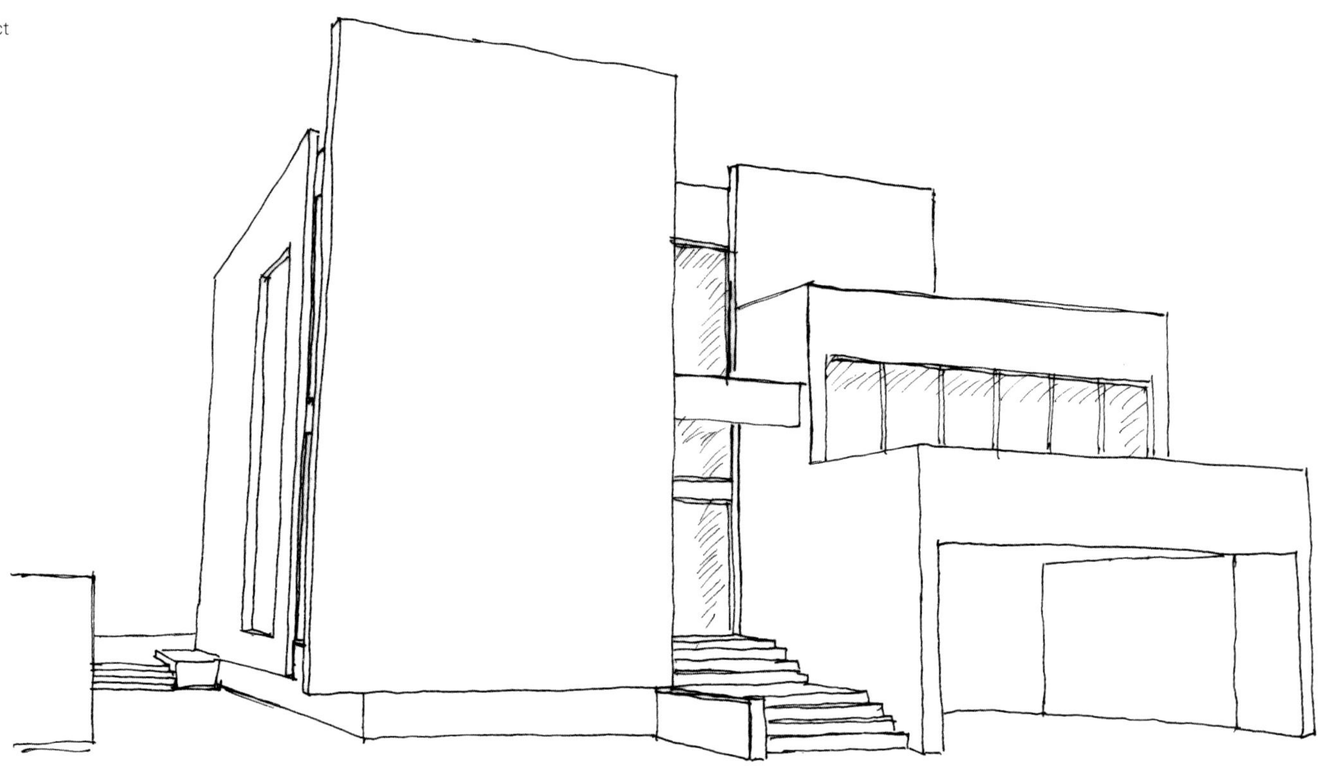

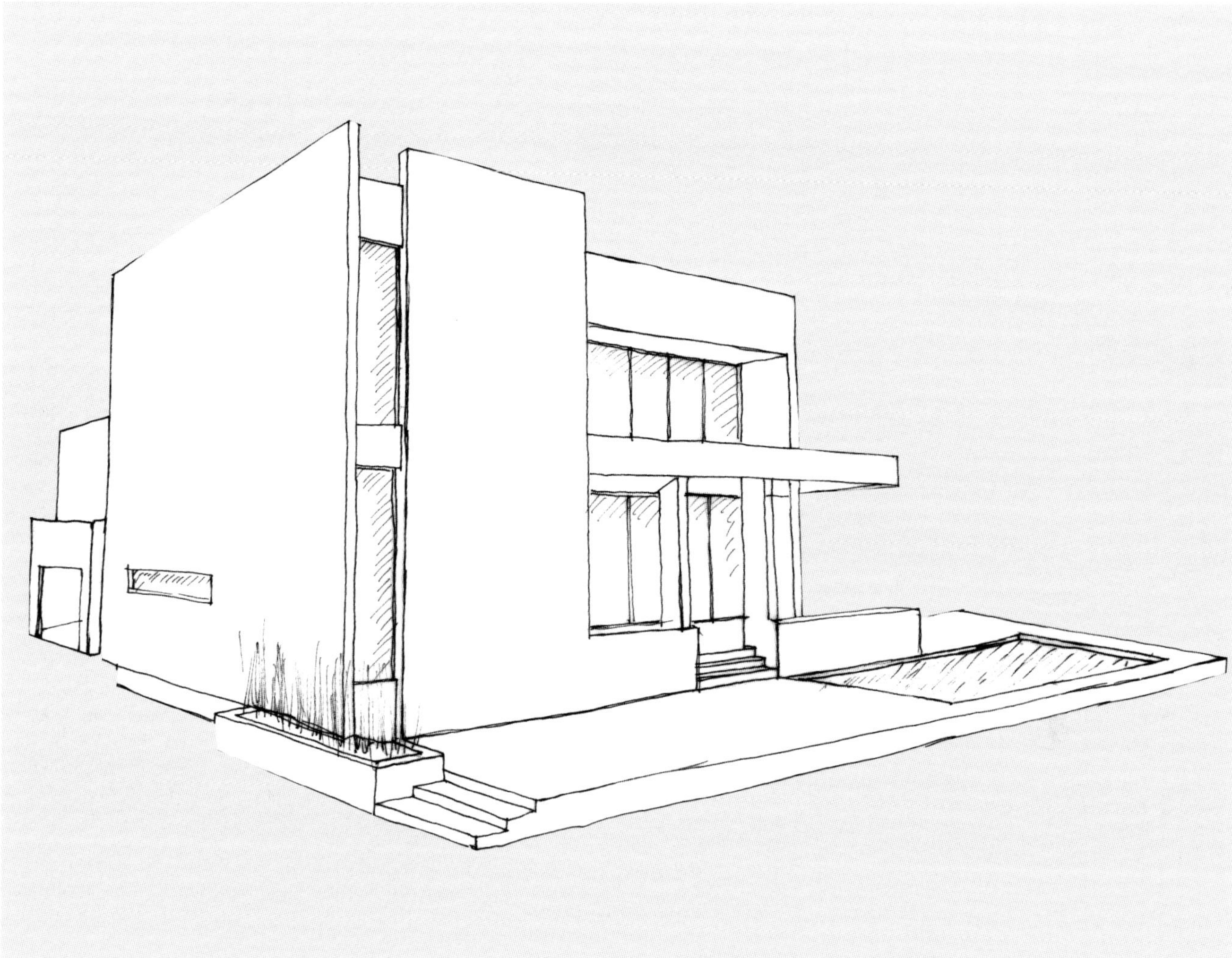

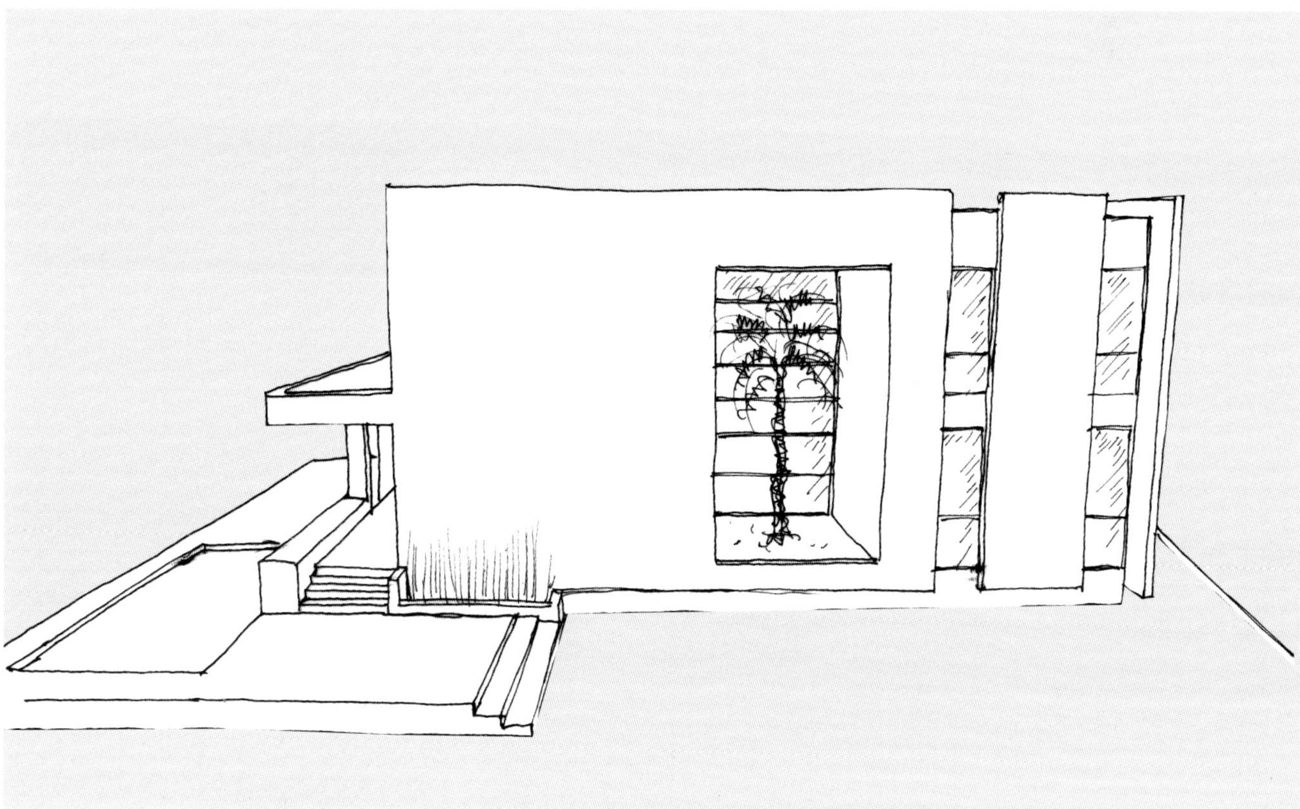

Interni

Interiors

My Home Piazzo
Biella, 1996

Fotografie / Photos Adriano Pecchio

Un taglio orizzontale

È una delle prime abitazioni dell'architetto, e si inserisce fra quel tipo di interventi di riconversione d'uso sui quali da sempre esercita la mano con lo stesso slancio con cui si riscrive una storia. Era un'ex limonaia, che fungeva da collegamento tra due edifici storici appartenuti alla famiglia Alberti La Marmora. L'intervento è decisivo e delicato allo stesso tempo e mantiene lo spirito originario del luogo, che consiste nella verticalità e nelle numerose finestre a tutta altezza: il taglio orizzontale creato dal soppalco non fa che enfatizzarlo, partecipando a creare il ritmo complessivo fra i pieni e i vuoti della casa. Allo stesso modo la scelta del colore per la scala di ferro e gli arredi fissi della cucina, e del legno chiaro per i piani di appoggio e di lavoro segna con grazia profili e volumi in uno spazio che continua a vivere di luce. Il pavimento di pietra è in continuità con l'esterno, il cortile in cui sorge la casa, e partecipa alla definizione di un'atmosfera di grande serenità, informalità e nitore. Accoglienti e aperte sono anche le zone notte e living: ricavate sul soppalco, si fronteggiano, separate e unite da un camminamento stretto, e godono della curva della volta a botte, sottolineata da nicchie preesistenti che riprendono quelle in cui si inscrivono le finestre. La non casuale alternanza fra linee curve e rette evidenzia il dialogo fra il passato e il presente in un gioco di geometrie che nei lavori di Delrosso, negli anni, diventerà sempre più eloquente.

A horizontal gash

This was one of the architect's first house designs, and is another case of repurposing a building for a new use, an exercise Delrosso takes on with much the same verve one might rewrite a story. The building was formerly a lemon-house and acted as a bridge linking two historical buildings belonging to the Alberti La Marmora family. The design is at once incisive and delicate in approach, maintaining the original spirit of the place, which consists in its vertical thrust and abundance of windows. The horizontal emphasis created by the mezzanine merely endorses this thrust upwards, lending an overall rhythm to the building's sense of mass and void. A similar dialogue is established by the colour scheme, with its choice of greys for the iron staircase and kitchen fixtures, the pale wood for the worktops and shelving. The outlines and volumes contribute to the constant interplay of light in carving up the space. The stone floors ensure continuity with the exterior, the courtyard on which the house stands, and helps define an atmosphere of serenity and lean informality. The night and day zones likewise contribute to the mood of welcome and openness. Ensconced in the mezzanine the two zones face each other, separated by a narrow walkway beneath the arched ceiling and animated by pre-existing niches that echo those containing the windows. By no coincidence the alternation of curves and right-angles underscores the dialogue between past and present in the kind of geometrical interplay that became an increasingly eloquent leitmotif in Delrosso's work through the years.

Il particolare della facciata dove danno il benvenuto due sculture di policarbonato create per la festa di inaugurazione e mai più rimosse

A detail of the façade where visitors are welcomed by two sculptures in polycarbonate created for the inauguration party and never removed

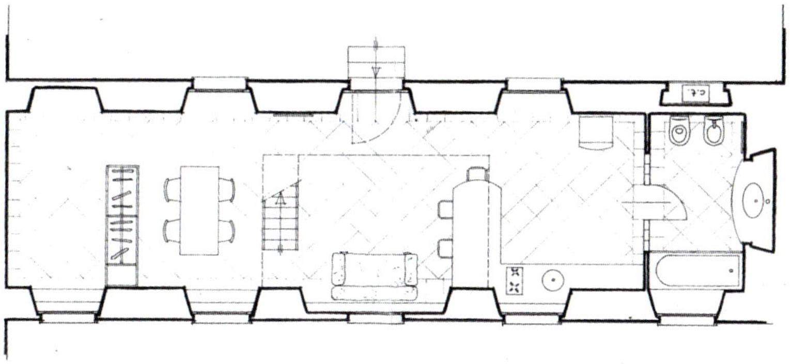

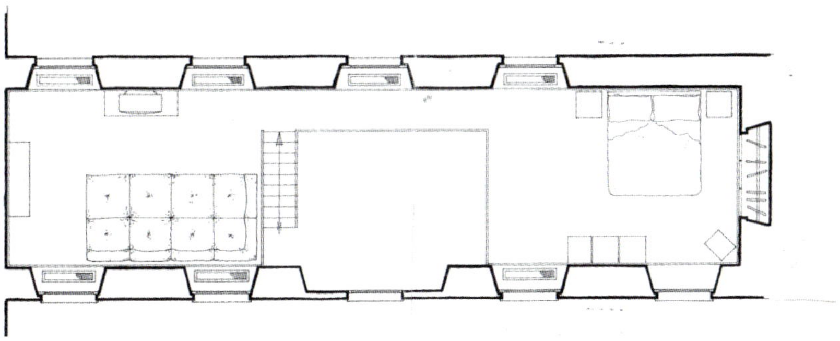

Composizioni di materiali e luce

Compositions of material and light

Pacific Restaurant
Montecarlo, 2004

Fotografie / Photos Matteo Piazza

Il bar-ristorante *Pacific*, all'interno del centro commerciale Metropole di Montecarlo, rappresenta l'occasione di cambiamento che Delrosso stava cercando. Dopo la lunga esperienza accumulata in campo edilizio e architettonico, i suoi interessi cominciano a virare verso lavori più rapidi e "occasionali" che possano offrirgli la possibilità di focalizzare la sua attenzione su progetti di interior legati a spazi pubblici e commerciali e sperimentare in parallelo, in questa nuova dimensione, la sua ricerca compositiva. In particolare il *Pacific* segna l'apertura dei suoi orizzonti verso l'estero. La propensione istintuale per la creazione di ambienti funzionali e flessibili si esprime con la disposizione a zone, ottenuta tramite la differenziazione dei materiali e una serie di giochi di luce. Cuore del progetto è il bancone a "L". Spicca etereo grazie alla base bianca di Corian®, sfalsata rispetto al piano di legno striato (tabu®) e alla doppia linea continua di luce che corre lungo i bordi inferiore e superiore. Cela alla vista l'area privé ricavata alle sue spalle, arredata con divani a misura. Al centro del locale, di complessivi 200 metri quadri, si trova un'altra area caratterizzante con un "ponte" creato ad hoc con una struttura a sandwich di ferro grezzo cerato all'esterno e legno striato (tabu®) all'interno; una finitura che ricopre anche alcuni pilastri strutturali. Circoscrive una zona mutevole che all'occorrenza viene inclusa o esclusa alla vista da un sipario formato da tende bianche, opportunamente illuminate dall'alto con un effetto tanto avvolgente quanto straniante.

The commission to design the *Pacific* restaurant-bar that lies inside the Metropole shopping mall in Montecarlo offered Delrosso a much-awaited opportunity to effect a personal change of tack. After lengthy experience acquired in the fields of building and interior design, he now turned his attention to more rapid "occasional" projects that would allow him to focus on interiors for public spaces and retail, and meanwhile do some experimental compositional variations in this particular area. Furthermore, the *Pacific* project marks the broadening of his professional horizon abroad. His instinctive flair for creating functional and flexible spaces is exercised here through the division into zones, each one with its assigned materials and specific use of lighting. The pivotal feature of the project is the L-shaped bar counter, whose somewhat ethereal effect stems from the combination of an abutting tabu® veneer wood top resting on a white Corian® base endorsed above and below by a band of lighting. Hidden from view behind this lies a private banquet-room furnished with customised sofas. At the centre of the space covering an overall 200 square metres is another distinctive area created by means of a custom-made "bridge" feature composed of a sandwich structure of waxed iron outside, and tabu® veneer wood inside, the same finishing material that also clads some of the structural pillars. This surrounds an adaptable enclosure that can be included or excluded from the rest via gossamer curtains, aptly lit from overhead to create a welcoming dreamy environment.

Vista d'insieme della zona d'ingresso del bar-ristorante caratterizzato dai materiali metallici e dalle forme geometriche e a nastro, tema ricorrente e sviluppato in progetti diversi

General view of the entrance area of the bar-restaurant with its wide use of metal and geometrical strip forms, a theme the architect has used in a variety of projects

Con un affaccio all'esterno, una zona dell'area pranzo è inscritta in un "ponte" creato ad hoc. All'occorrenza viene inclusa o esclusa alla vista da un sipario formato da tende bianche, illuminate dall'alto

Enjoying a view of the outside, one area of the dining zone is inscribed within a platform created especially. As required, this can be included or excluded by means of a cordon of white veils lit from above

Bice's Beach
Cannes, 2004
(non realizzato / unrealised)
Bice's Beach
Cap d'Ail, 2004
(non realizzato / unrealised)
Bice Restaurant
San Diego CA, 2009

Non sono gli unici *Bice* nel mondo che Delrosso ha reinventato – sono da aggiungere i due di Istanbul (2008) e New York (2011) – ma sono quelli che aprono e saldano la collaborazione con i proprietari. Il lavoro sui famosi "ristoranti all'italiana" all'estero si svolge in varie tappe a iniziare dal 2004. Due progetti francesi per Cannes e Cap d'Ail sono rimasti sulla carta: pensati come estensione all'esterno dei locali esistenti, sono caratterizzati il primo dall'ampia libertà espressiva della struttura organica a onda, e il secondo dalle linee geometriche che ricordano le tradizionali cabine di legno. Questi concept, così come i progetti di restyling realizzati in seguito, non mirano a sottolineare i consueti riferimenti alla gastronomia italiana, ma una certa personalità dello stile italiano attraverso atmosfere, colori, materiali e cura artigianale dei dettagli: un richiamo alla "mediterraneità". Gigantografie dei "favolosi anni sessanta" sono invece utilizzate a San Diego proprio per questo scopo: riportando alla nascita della tradizione del Made in Italy e alla sua diffusione nel mondo e nell'immaginario collettivo, conducono a un'esperienza immersiva nelle qualità del Bel Paese. Così come è usuale nelle scelte dell'architetto, sempre attento nel progettare atmosfere.

Although they are not the only *Bice* restaurants that Delrosso has reinvented – witness the ones in Istanbul (2008) and New York (2011) – these three in particular consolidated the partnership between the architect and the brand's owners. The ongoing redesign scheme for this chain of renowned "Italian-style" eateries abroad has proceeded in stages, starting from 2004 with two French outlets in Cannes and Cap d'Ail, which however remained on the drawing board. Conceived as outside extensions of the existing interiors, the additions boast a certain liberty of expression in the wavy organic structure for the one in Cannes, and in the lean geometries of the second in Cap d'Ail, which hints at the traditional timber cabin. These concepts and the subsequent restyling projects eschew the usual references to Italian gastronomy, in favour of seeking something Italian in the atmospheres, colours, materials and artisan care for detail: a strong reference to the Mediterranean. The giant blow-ups of the "fabulous 1960s" in the San Diego outlet in fact aim for this effect, offering reminders of the beginnings of Italian design and the imagery that came to identify Italy in the collective imagination around the world as the Bel Paese. Once again, Delrosso's special sense of atmosphere is present throughout these projects.

Gli schizzi preparatori per il *Bice's Beach* a Cannes (non realizzato) evidenziano la copertura organica in legno lamellare e teli in PVC termostampato e il collegamento al corpo preesistente con un sistema di apertura dei serramenti a brise soleil

The preparatory sketches for *Bice's Beach* in Cannes (unrealised) show the organic roof in wood laminate and thermal-printed PVC veils and the linkage with the existing structure via a system of louvred sun-blind openings

Il concept per il *Bice's Beach* a Cap d'Ail (non realizzato) è basato sull'utilizzo di materiali naturali e un sistema di tendaggi chiari e leggeri come funzionali divisori zonali

The concept for *Bice's Beach* in Cap d'Ail (unrealised) focused on natural materials and a system of pale lightweight drapes offering functional spatial separators

25
3
8
5
4
1
2
26
27

Elemento caratterizzante del ristorante *Bice* di San Diego, in California, è il tono marrone del wengè scelto per la boiserie e il pavimento. Tutti gli arredi fissi e mobili sono disegnati a misura. Campeggiano gigantografie in bianco e nero, adottate anche negli altri progetti per la catena di ristorazione, in riferimento all'Italian Style

One of the characteristic features of the *Bice* restaurant of San Diego, California, is the brown hue of the wenge chosen for the wainscot and floor. All the fittings and furniture are custom-made. On the wall loom blow-ups in black and white, used in other refurbishments for the restaurant chain to announce the Italian style

Azimut
Centro di riabilitazione
Rehabilitation centre
Biella, 2005

Fotografie / Photos Matteo Piazza

Un contenitore rifunzionalizzato

Ritroviamo qui alcuni punti fermi del progettare di Delrosso: mantenere la memoria dei luoghi, relazionarsi costantemente a essi, fare agire l'architettura per assecondare l'agire umano. Destinato al recupero per le attività motorie, il Centro Azimut (750 mq) è ideato come un "quartiere" dedicato al benessere e alle terapie mediche. Lo storico edificio industriale in cui è ricavato rappresenta il perimetro di questa città ideale nella città reale. Nella irregolare trama originaria segnata dai pilastri del "contenitore", alternando ambienti privati (chiusi) e pubblici (a vista), l'architetto ricostruisce un paesaggio urbano familiare e accogliente tracciando un percorso ad anello fra i diversi volumi indipendenti che si ergono intorno a una "grande casa". Alta 3 metri e, con il suo tetto spiovente, fortemente iconica, è destinata a ospitare servizi e salette per le visite e si apre su un ampio spazio comune, la palestra, limitato da una parete a vetri.
La percezione di uno spazio libero, già evocato dalla presenza di questa "piazza aperta", è amplificata dal gioco delle altezze, a sua volta sottolineato dal colore: il grigio è mantenuto sulle pareti perimetrali e su tutti i nuovi corpi inseriti nella "scatola esterna", ad altezza d'uomo; invece il bianco è stato scelto per la parte superiore delle pareti stesse e per il soffitto, dove si rincorrono gli impianti di condizionamento lasciati a vista.
Un contrasto netto, disegnato anche dall'illuminazione diffusa nascosta sul limite dei due colori, che crea un effetto naturale ed evanescente fra luce, aria e i contorni delle cose. Gli altri punti luce disseminati nel percorso, insieme alle panchine disegnate a misura come parte degli altri arredi, completano l'idea dello spazio metropolitano integrato in una cittadella dai confini indefiniti.

New functions for a container

This project bristles with some of Delrosso's hallmark features, such as respecting a place's past and relating with this closely, which thereby generates a type of architecture that adapts to the human activity within. The layout of the Azimut rehabilitation centre for people with motor disabilities (750 square metres) establishes a sort of "neighbourhood" geared entirely to patient well-being and medical therapies. The historic industrial building in which it is housed represents the perimeter of this ideal city within the real city. The somewhat irregular layout marked by the pillars of the "container" offers an assortment of private enclosures and shared spaces open to view, in which the architect has created a familiar and welcoming urban environment consisting of a circular route through the various independent volumes that rise around a large "indoor house" three metres tall. This iconic feature with its gabled roof hosts the services and examination rooms, and opens onto the common gym area, corralled behind a glazed wall. The perception of an unimpeded space, presaged by this "open plaza", is endorsed by the variable ceiling heights, which are in turn highlighted by the colour scheme. A uniform shade of grey is used for the perimeter walls and all the new units inserted in the "outer box" at "human height". Whereas white is applied to the upper section of the walls and the ceiling, with its HVAC systems criss-crossing overhead. In stark contrast strips of concealed lighting mark the border between grey and white, creating an evanescent interplay of air and light and marking out the contours. The other assorted light sources, along with the benches contributing to the ensemble of custom-made fittings, complete the impression of a metropolitan ambience slotted into a broader space whose borders basically dissolve.

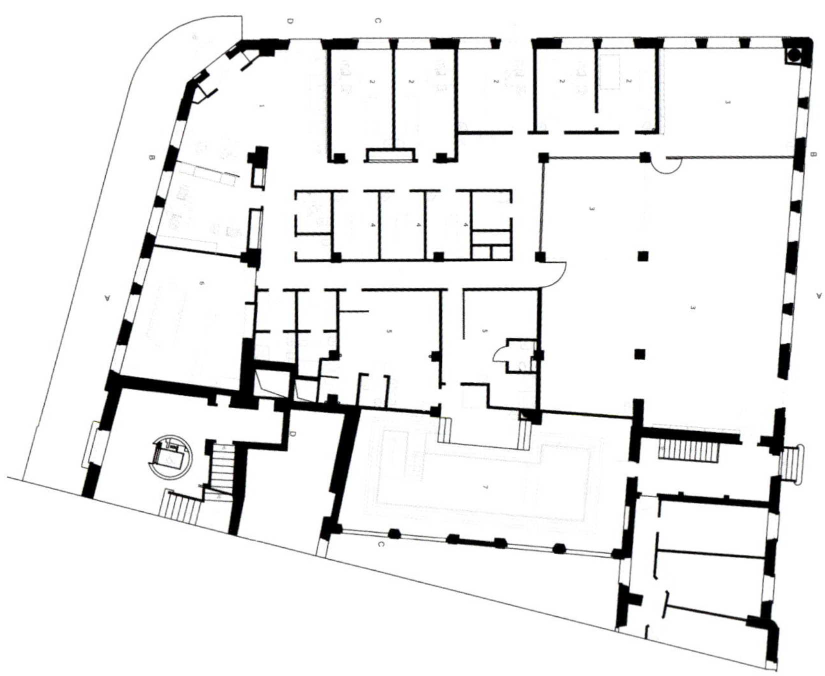

Il percorso di accesso alle sale e ai servizi si snoda ad anello intorno a un volume centrale

The access to the rooms and services runs in a circuit around a central volume

L'iconica "grande casa" è il cuore di questo "quartiere" per la riabilitazione motoria, dove la palestra è considerata una grande piazza centrale

The iconic "large house" is the heart of this fictive neighbourhood for post-op physiotherapy, where the gym is conceived as a broad central plaza

Massima adattabilità

Utmost adaptability

La Salière Restaurant
Montecarlo, 2005

Esaltare lo spazio e la sua vivibilità. Renderlo flessibile e modulabile. Impreziosirlo con la luce, naturale e artificiale. Queste le risposte alla necessità di disporre un restyling capace di interpretare e comunicare con immediatezza le espressioni informali più contemporanee della convivialità, preservando lo stile riconosciuto del ristorante. Il primo passo di Delrosso è quello di "svuotare" lo spazio e procedere dunque a una sua ridefinizione logistica in base a una diversa distribuzione di funzioni e utilizzi. Un approccio che segue contemporaneamente, e in modo sempre più radicale, anche in altri progetti di interior. La ricercata e impalpabile eleganza è dettata ancora una volta dai colori, che alternano toni chiari e toni scuri, sempre a rincorrere ombre e contorni, e dai materiali caldi come il legno e la paglia. La costante attenzione alla qualificazione di uno spazio nel benessere si esprime nello studio decorativo – ma funzionale – dell'impiego di pannelli fonoassorbenti ecologici (Eraclit) per rivestire pareti perimetrali e pilastri, e dei vani aperti, creati come recinti e non come divisioni, con sottili listelli di legno wengé che permettono l'intrigante artificio di parziali svelamenti e occlusioni.

Exploiting space and how we interact with it, making it a modular, flexible environment, then enhancing it through an interplay of natural and artificial lighting. These were Delrosso's answers to the client's request for a restyling operation that express and convey the informal immediacy of the modern dining experience, while conserving the hallmark style of the restaurant brand. The architect's first step was to "gut" the premises and then recompose the logistics according to the discrete functions and uses of the spaces: an approach that has become typical of his more radical reworking of interiors. The resulting refined and intangible elegance relies once more on the colour scheme, with its alternating light and dark tones to tease out shadows and contours, and on the use of warm materials such as wood and straw.
The care and attention paid to achieving a warm and welcoming environment can be witnessed in the application of decorative but functional features such as the sound-absorbent panelling (Eraclit) for the perimeter walls and pillars, and of open units devised as cordons but not bull-pens, with narrow wenge partitions that allow for the cunning alternation of partial view and partial concealment.

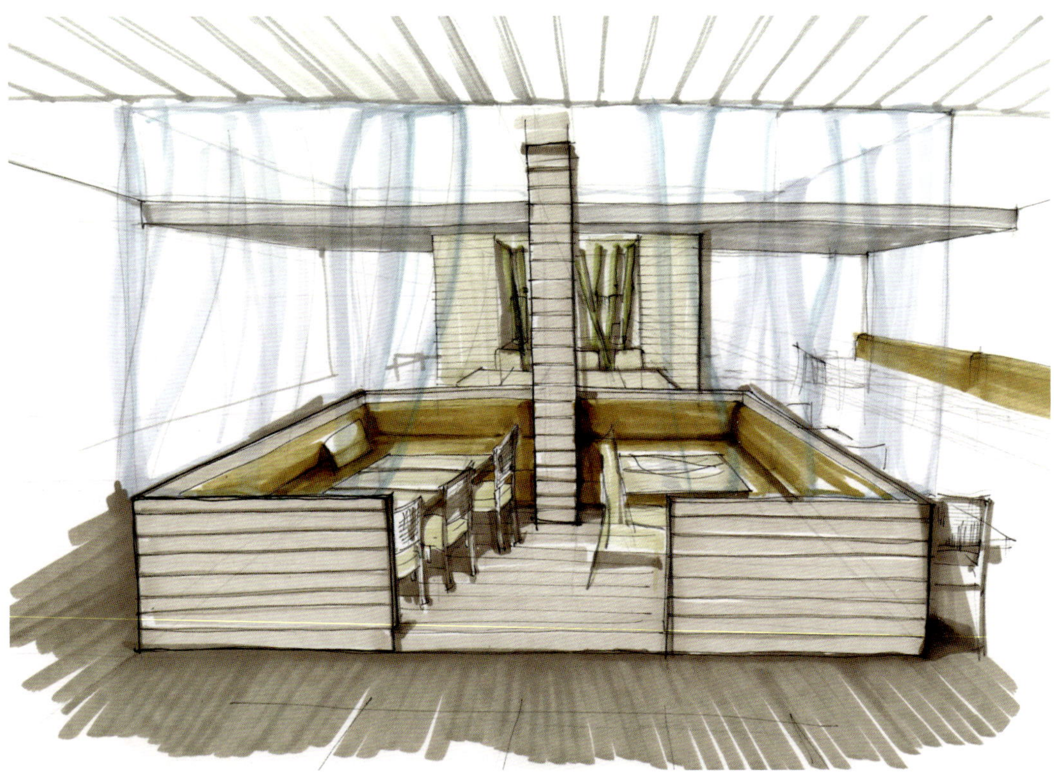

La divisione dello spazio è concepita con aree modulabili realizzate con pannelli fonoassorbenti Eraclit ecologico

The division of the space is conceived with modular areas created with Eraclit ecological insulating panels

Il tono chiaro dei rivestimenti perimetrali contrasta con quello scuro degli imbottiti e dell'arredo in legno wengè

The pale hue of the perimeter vies with the dark tones of the soft furnishings and the wenge wood furniture

Apt AV
Montecarlo, 2006-2008
Fotografie / Photos Fausto Mazza

C'è brio in questa casa

È una casa capovolta, si entra dal terzo piano, dove ci sono la zona living e la cucina, e poi si scende, incrociando i diversi componenti della famiglia che la abitano. Perché la suddivisione è pensata non per attività ma per "fasce generazionali": così l'indipendenza di ciascuno è assicurata. Soprattutto quella dei figli più grandi, che possono contare sull'accesso diretto dalla scala condominiale, dato che il collegamento fra i vari piani all'interno dell'abitazione è autonomo, ed è stato creato ex novo: per unire i tre appartamenti che la compongono in 212 metri quadri totali. Il piano di mezzo è dedicato ai genitori e ai figli più piccoli. E al terzo, destinato alle attività comuni, c'è anche un comodo soppalco, una zona neutra da occupare con agio, per svago o per studio. Spazio, forma, design, struttura, ordine e libertà. Si ritrovano tutti i punti cari a Delrosso che per questo appartamento nel cuore di Montecarlo, ritagliato a misura in un edificio di inizio Novecento, agisce da artigiano. Affinando la modalità che gli è consueta, quella del "taglio" a misura dell'ambiente e delle persone, per definire il luogo in cui essere. Lo studio è attento e preciso, affinché ogni dettaglio sia funzionale e nel posto giusto. Nulla sembra essere superfluo: e nulla lo è. La preferenza è il legno, caldo e rassicurante. Armadiature, porte, pavimento e mobili uniscono i piani in un'unità coesa dal bianco delle pareti e di molte delle tante sedute. Tutto sembra disposto per diffondere al meglio la luce naturale, che nella zona giorno scende zenitale dalle aperture sul tetto spiovente. Non c'è "dittatura" nell'ordine, né presunzione di irrigidire gli abitanti in movimenti e abitudini. Lo spazio è manipolato al loro servizio.

A note of brio in the home

As if turned on its head, the entrance to this house is upstairs on the third storey, level with the day area and kitchen, from where one descends to the lower storeys, crossing paths with the various elements of the family that inhabit the place. The subdivision of the house into levels is determined not by different domestic activities but by generation, and in this way each one's independence is guaranteed, particularly that of the older children, whose access is directly from the condo stairs, while the staircase linking the different levels is separate and was created from scratch to provide linkage for the overall 212 square metres of the house. The middle storey is assigned to the parents and younger children. And the third, reserved for activities involving the entire household, also has a convenient mezzanine for common pursuits, such as reading, relaxing, or study. Space, form, design, structure, order, freedom. All the architect's signature interests are distilled in this apartment in the heart of Montecarlo, a made-to-measure home in which Delrosso proceeded like a craftsman. Here he has refined even further his customary mode of defining a place by "tailoring" the environment exactly to suit the people inhabiting it. Everything has been studiously planned, ensuring each detail is apposite and fulfils its designated function. Nothing appears superfluous, and indeed nothing is. Here the preference is for wood, warm and reassuring. Wardrobes, doors, floors and furniture conjoin the various storeys in a coherent whole held together by the white of the walls and much of the seating. Everything seems devised to make the best use of the daylight, which floods the day area from the skylights in the gabled roof. Here order is neither despotic nor an impediment to the movement and routines of the inhabitants. Space is manipulated at their service.

Il legno zebrano (tabu®) e il bianco danno unità ai tre piani dell'appartamento sviluppato in verticale. Si accede dal terzo, che con il soppalco nel sottotetto crea un'unica area comune, con la cucina e le zone svago

The zebra wood (tabu®) and the flood of white give cohesion to the three storeys of this apartment that extends vertically. Access is on the third floor, where a mezzanine in the attic creates one common area, comprising the kitchen and the recreation area

Nel sottotetto, aperto con grandi finestrature, è stato recuperato un soppalco che rappresenta un nuovo volume della casa completamente svuotata

The attic with its huge skylights comprises a mezzanine that provides a completely new space for the gutted house

La leggera scala (Fortin, Biella) collega i quattro livelli. Tutti gli arredi fissi (realizzati da Habitat, Montecarlo) e le finiture sono stati disegnati a misura; luci davide groppi

The essential stairway (Fortin, Biella) joins up the four storeys. The fixture (produced by Habitat, Montecarlo) and the finishings are all custom-made; lighting by davide groppi

Loft gemelli: gioco di simmetrie

Twin lofts: a play of symmetries

Twin Loft
Milano, 2007

Fotografie / Photos Matteo Piazza

Un'occasione rara si presenta a Milano intorno alla metà del primo decennio di questo nuovo secolo. La città sta vivendo la sua trasformazione immobiliare attraverso la riconversione degli ex edifici industriali, che muta velocemente il volto di interi quartieri e le geografie urbane. Così si affaccia la possibilità di ristrutturare due lotti di edificio in un'ex area manifatturiera che diventerà un condominio residenziale. La progettazione dei due loft gemelli si sviluppa con una visione simmetrica, contaminata da una buona dose di ludicità e ironia. A guidare il progetto è la medesima divisione degli interni, differenziati con arredi e colori, oltre che per la diversa destinazione d'uso di alcuni spazi. In modo speculare il piano terra di entrambi comprende l'ingresso, la cucina a vista, l'apertura su un piccolo giardino privato posteriore, un bagno e la scalinata che porta ai piani superiori. La scala, che risolve il collegamento fra i quattro livelli, è la spina dorsale delle due abitazioni ed è un essenziale elemento estetico, oltre che strutturale. È motivo di sorpresa per tutto il percorso. Con soluzioni diverse, in entrambi i casi apre punti di vista costanti e si inerpica attraverso un leggero segno grafico, staccandosi dal volume pieno del bagno al piano terra. Al primo livello di entrambi i loft, che si sviluppano paralleli, una porzione di soletta è in vetro, per creare una comunicazione visiva con la cucina sottostante.
Al secondo livello c'è l'apertura verso un terrazzo. La sperimentazione in questo gioco della simmetria porta comunque all'inevitabile introduzione di varianti, come il bianco e il nero, di per sé espressione dicotomica di un'entità divisa in due parti complementari.

Midway through the first decade of the new century, Milan underwent a singular opportunity of development, as dismantled industrial complexes were converted to new uses, generating the rapid transformation of the face and geography of entire boroughs across the city. One such occasion was the conversion of two building lots in a former factory area to accommodate residential units.
The design of the twin studio apartments in question involves a symmetrical scheme tinged with a healthy dose of lucidity and sense of fun. The key to the project is the arrangement of the interiors, differentiated by furnishings and colour scheme, along with the distinct end-use of each space. In particular, the ground storey in both apartments comprises an entrance, an open-plan kitchen, access to a small back garden, a bathroom, and the stairs leading to the upper storeys.
This staircase connecting the four storeys is the backbone of the two apartments, and furthermore its structural contribution also provides an essential aesthetic component, constantly shifting appearance in its ascent. Though in different ways, in both cases the staircase repeatedly offers constant viewpoints as it climbs airily through space, detaching itself from the solid volume of the ground-storey restroom. On the first storey of both apartments, which extend in parallel, part of the floor slab is glazed to allow visual linkage with the kitchen below, and vice-versa. The second storey gives onto a patio. This experimentation of the two units' symmetry has inevitably led to the invention of variants, for example with black and white, in itself a binary expression of a single entity divided into two complementary parts.

Il corpo di fabbrica in una ex area manifatturiera milanese, trasformato in un condominio residenziale. Delrosso ha ricavato qui due loft gemelli con una visione simmetrica

The building unit in a former manufacturing area of Milan, transformed into a condominium. Delrosso created twin lofts in a symmetrical pattern

Il terrazzo comune

The shared terrace

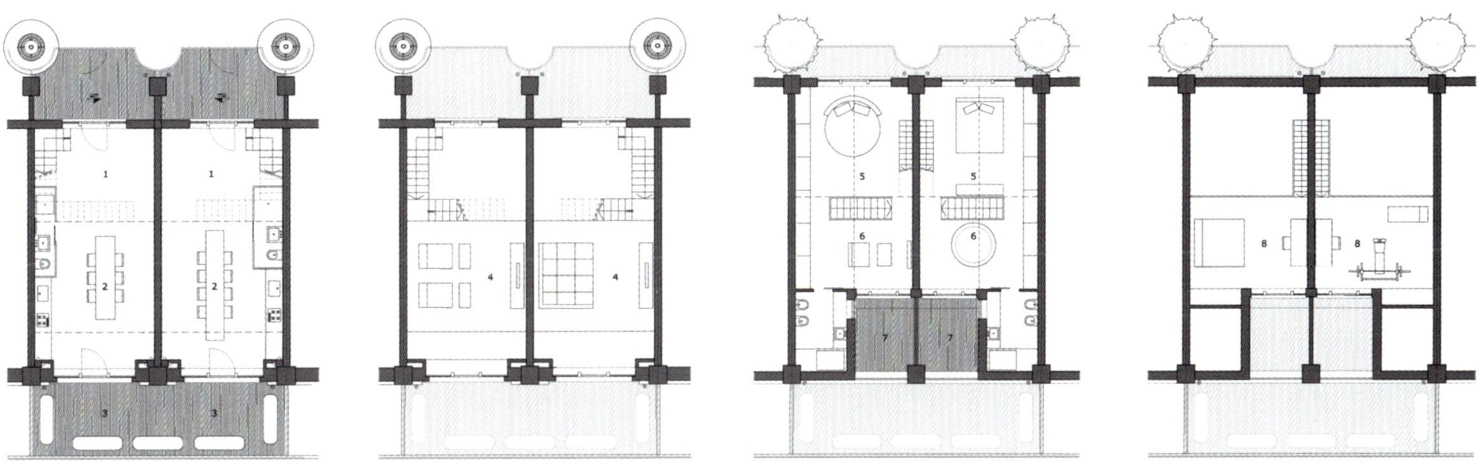

PIANO TERRA
1 ingresso
2 cucina
3 terrazzo

PIANO PRIMO
4 soppalco giorno

PIANO SECONDO
5 zona notte
6 relax
7 terrazzo

PIANO TERZO
8 soppalco hobby

Salire nel vuoto

Climbing through the void

Twin Loft FD
Milano, 2007

Fotografie / Photos Matteo Piazza

È il bianco a dare il benvenuto nel primo loft, divenuto l'abitazione milanese dell'architetto. Bianco alle pareti. Bianco integrale per il legno laccato satinato dei mobili contenitori e bianco per il piano di lavoro in Corian® della cucina. Bianco totale nel sottotetto, per la stanza riservata agli ospiti. E per gran parte degli arredi, che alternano elementi disegnati a misura a pezzi firmati dai maestri del moderno e da designer contemporanei. Al primo livello una nota neutra è data dal grigio del pavimento, realizzato in resina Tecnosintex; e una più techno dal grezzo della scalinata di ferro decapato, che non nasconde le saldature. Il volume che la compone è riempito lateralmente da pareti di ferro e svuotato delle alzate, sembra rovesciarsi nel riflesso di quello che al piano terra accoglie il bagno, illuminato con luce naturale proprio grazie alle alzate cave. È un corpo compatto che si staglia scuro nel bianco, accentuando il grafismo scarnificato dei gradini degli altri livelli. Il contrasto fra "morbido" e "ruvido", "robusto" e "fragile" è sapientemente distribuito su tutti i livelli, anche con l'adozione del vetro trasparente. Qui è utilizzato, oltre che per comporre una parte di soletta nella zona living del secondo livello, anche per la balaustra che porta al terzo, nella zona notte. Aumenta la diffusa percezione di leggerezza e armonia che governa tutto lo spazio e il minimalismo architettonico che lo definisce.

A uniform use of white is the keynote of this first studio apartment, which became the architect's home in Milan. White for the walls, white for the lacquered wooden container units, white for the Corian® worktop in the kitchen. Total white for the attic area reserved for guests. White also for most of the furniture, which alternates between custom-built pieces, pieces signed by modern masters and others by contemporary designers. On the first storey a neutral note is provided by the uniform grey floor made of Tecnosintex resin, and by the more techno-style staircase in pickled iron with exposed welding. With its continuous metal flanks and empty risers, the stair unit seems reflected upside-down in the lower section that encloses the ground-storey restroom, which receives daylight through the gaps between the treads. The entire unit hugs the white wall, emphasising the increasing essentiality of the steps on the upper storeys. The contrast between "smooth" and "rough", between "solid" and "fragile" is shrewdly applied for each storey, here and there through the use of transparent sections in glass. Here, in addition to providing part of the sill for the living-room on the second storey, glass is applied for the banister up to the third-storey night zone. This device heightens the sense of airiness and harmony that governs the entire space and the architectural minimalism that defines it.

La soletta trasparente collega visivamente i due livelli living del loft

The see-through floor sill provides visual linkage between the two levels of the studio apartment

L'esile scala "origami" (Fortin, Biella) è ottenuta da lastre di metallo spesse 4 mm, tagliate al laser. Riprende idealmente le "scale impossibili" di Escher

The slender origami-style staircase (Fortin, Biella) is fashioned from laser-cut metal plates 4 mm thick. The image sought is one of Escher's "impossible staircases"

La zona notte si sviluppa su due livelli. Un'intera parete è l'alloggio per la cabina armadio, occultata da morbidi tendaggi chiari (Idea Tenda, Biella), che avvolgono lo spazio in continuità con quelli della porta-finestra di accesso al terrazzo

The night area spreads over two levels. An entire wall houses the walk-in closet, hidden behind soft pale drapes (Idea Tenda, Biella), which wrap the space in synch with those at the french windows onto the patio

Tutti i pavimenti sono in resina Tecnosintex (Tecnicem, Biella)

All the floors are made of Tecnosintex resin (Tecnicem, Biella)

Il tavolo di ferro (Fortin, Biella) e la cucina in Corian® e legno laccato satinato (Gardiman, Biella) sono disegnati a misura

The iron table (Fortin, Biella) and the kitchen in Corian® and matt lacquered wood (Gardiman, Biella) are custom-made

Il terrazzino-solarium di affaccio della zona notte

The patio/sun-deck overlooking the night area

Libertà di veduta

Freedom of vision

Twin Loft AS
Milano, 2007

Fotografie / Photos Matteo Piazza

In questo secondo loft la scala di ferro, verniciata di bianco, ha pedate smaterializzate dal cristallo. Sparisce nella parete come una semplice linea di cui si avverte discretamente la tridimensionalità, e non impedisce allo sguardo di cogliere i passaggi tra i diversi livelli del loft. La leggerezza si manifesta, a contrasto, attraverso il marrone scuro del pavimento, anche qui in resina Tecnosintex (Tecnicem, Biella). Differenzia l'area di ingresso, oltre alla cucina in acciaio e l'alto tavolo barocco, il volume del bagno. È autonomo, oscuro all'interno, ma con un'apertura verso l'alto che rivela la doccia dal pavimento della zona living al primo livello. La trasparenza quindi si svela in un circuito sensuale e all'insegna del benessere, accentuato dalla presenza di una grande vasca nella zona notte e dallo spazio wellness con piccola palestra privata nel sottotetto. La riconoscibile impronta comune si connota nella differenza di un esercizio che non è solo di stile, ma di pensiero e approccio. Testimonia il desiderio di provarsi ogni volta con coerenza, con un linguaggio nuovo capace di connotare i luoghi e la vita che vi si svolge.

In this second studio apartment, a metal staircase painted a uniform white is fitted with glass treads, making it all but dissolve against the support wall in its linear ascent, with a hint of its three-dimensionality that does not impede a view beyond it into the higher levels. This lightness is forcefully pointed up by the strong dark brown of the floors, here too finished in Tecnosintex resin (Tecnicem, Biella), distinguishing the entrance area, as well as the steel kitchen units, the high baroque dining-table and the restroom unit: this enclosure is self-contained and dark inside, but the shower area is visible through a glass panel in the living-room floor upstairs. This transparency therefore endorses the series of facilities for body-care and sensual indulgence, epitomised by the large white bathtub in the sleeping zone, and a home gym housed up in the attic. The features that the two apartments share are revealed through their differences, which are not merely an exercise in style, but distinct philosophies and approaches. They testify to Delrosso's determination to put himself to the test each time, and find a new language capable of conferring significance on places and on the life that unfolds in them.

La cucina e la zona notte, speculari al loft gemello, con colori, materiali e dettagli personalizzati. Al secondo livello la zona notte ospita una vasca da bagno freestanding. Nel sottotetto, l'area wellness è attrezzata come una palestra

The kitchen and the night zone, which mirror each other in the twin apartments, with colours, materials and personalised details. The second level of the night area hosts a freestanding bathtub. The attic houses a wellness area fitted out as a gym

Il particolare del vano scala (Fortin, Biella) che sale nella trasparenza del pavimento del livello superiore

Detail of the staircase (Fortin, Biella), showing through the transparent floor of the level above

La scala smaterializzata in ferro e vetro sottolinea l'immaterialità del bianco che domina nel loft

The staircase of iron and glass adds weightlessness to the uniform white of the interiors

Notime Restaurant
Montecarlo, 2008

Fotografie / Photos Fausto Mazza

Nella sospensione del tempo

Non è sempre facile individuare tracce ispirative nei progetti di Delrosso, che respinge riferimenti concettuali a favore di una concretezza tangibile di forme e materia. Ma questa volta, con coerenza, l'ispirazione di matrice dichiaratamente letteraria, artistica e cinematografica è resa palese. Le reminiscenze involontarie di Marcel Proust, gli orologi liquidi di Salvador Dalí, le lancette che arrestano la caduta di Charlie Chaplin si "leggono" sulle pareti come passi universali di un tema immenso, ma che appartiene a tutti, insinuandosi nelle più piccole pieghe del quotidiano. "Il tempo della lettura è in fondo il tempo della sospensione per antonomasia. È il momento in cui si entra nella dimensione creata da qualcun altro", ricorda l'architetto. C'è la rarefazione del tempo nel nome *Notime* – che occhieggia alla teoria della relatività di Albert Einstein – e in un locale pensato per offrire una sospensione momentanea, una pausa di ristoro, un momento di riflessione e distacco. Lo indicano l'irregolarità dei listelli di legno, posizionati su pareti e soffitto come segni di un flusso interrotto e la dominanza del bianco e dei colori naturali del legno. All'esterno, i vani intimi e raccolti sono limitati da tende-vele che scendono da una leggera struttura metallica.

In the suspension of time

The sources of inspiration for Delrosso's projects are not always self-evident, as he eschews "conceptual" references in favour of a more solid and tangible approach to form and material. This time, however, his inspiration is drawn explicitly from the world of literature, art and cinema. The involuntary hints at Marcel Proust, the liquid timepieces of Salvador Dalí, the Chaplinesque clock-hands can be "read" on the walls as universal passages of an immense theme that belongs to us all, insinuating themselves in the folds of everyday life. "The time we spend reading is by definition suspended time. It is when we set foot in a dimension created by someone else", notes the architect. At *Notime*, time is indeed rarefied and hints archly at Einstein's relativity in this creation of a gathering space for a temporary halt to recompose oneself, to take a distance and reflect. This stasis is endorsed by the irregular spacing of the wooden struts on the walls and ceiling that seem to scatter the flow, and by the dominance of white and the natural hues of the wooden fittings. Outside, the intimate enclosures are created by canvas veils strung from lightweight metal frames.

Nel logo disegnato da Delrosso la "o" di *Notime*, è il vuoto che segna l'invito a una pausa, interpretata da un orologio di luce con la video-installazione di Fausto Mazza

In the logo designed by Delrosso, the "o" of *Notime* is missing, suggesting a pause, a break in time, which is interpreted by a light-clock with Fausto Mazza's video-installation

Il banco d'ingresso e i tavoli sono realizzati in betulla americana con un piano sottile di Corian®. Il rivestimento di alcune delle pareti utilizza la stessa essenza lignea

The foyer desk and the tables are made of American birch clad in thin veneer of Corian®. The facing of some of the walls adopts the same wood

Listelli irregolari di betulla americana sbiancata sono utilizzati come metafora del flusso del tempo, tema ripreso sulle pareti con interpretazioni d'autore

Irregular laths in bleached American birch offer a metaphor for the flux of time, a theme reprised in the walls with auteur interpretations

Bianco, sabbia e tonalità ruggine per pareti, pavimenti, sedute. Il ristorante, di 300 metri quadri, è stato finalista nella categoria Hospitality/Restaurant del *Best of Year Award* 2008 della rivista americana "Interior Design"

White, khaki and russet for the walls, floors and seating. The restaurant, which covers 300 square metres, reached the finals for the 2008 *Best of Year Award* in the Hospitality/Restaurant category of the American magazine *Interior Design*

Nel dehor: gazebo geometrici di metallo verniciato e tessuto stampato con riflessioni d'autore sul tempo

On the outside deck: geometric gazebos in painted metal and fabric printed with auteur reflections on time

Tende a vela e tessuti / Canvas veils and fabrics: Idea Tenda, Biella
Opere in ferro / Ironwork: Fortin, Biella
Opere in legno / Woodwork: Gardiman, Biella
Decorazioni / Decorations: Passadore, Biella

Vivere sul mare

A life on the waves

Motor Yacht MY 80
Roma, 2008

Spazi ampi e aperti, viste panoramiche, zone abitabili flessibili, finiture e materiali di qualità: questi i presupposti su cui si basa il progetto di uno yacht di 80 piedi, non ancora realizzato. Una progettazione mirata a individuare soluzioni innovative e di lusso, importando stilemi legati al residenziale senza per questo perdere l'intensità del rapporto fra l'uomo e la natura, con il *plus* di poter vivere nell'eleganza e con il massimo comfort l'esperienza di una crociera. Il concept del layout interno si sviluppa sull'idea di una villa al mare dove tutto è però studiato per vivere "sul" mare, amplificandone la percezione attraverso le dimensioni generose, lasciate il più possibile libere con la funzione di rappresentanza, integrate a zone più private e intime. In una miscela di cultura contemporanea e cultura mediterranea, tutto è minimale e personalizzabile, pensato per far emergere la tradizione cantieristica e quella del Made in Italy legate al manufatto artigianale raffinato e unico.

Airy, uncluttered spaces, panoramic views, flexible living quarters, superb finishes and materials: these are the prerequisites for an 80-foot yacht that has yet to be built. The design brings into play innovative luxury solutions, borrowing stylistic features from residential interiors, without however diluting the rapport between Man and Nature, with the bonus of enjoying the cruising experience in utmost elegance and comfort. The concept of the internal layout springs from the idea of a seaside villa, still everything is calculated for life *on* the sea itself, intensifying the experience through common spaces of generous proportions that remain as unobstructed as possible, dovetailing seamlessly with the private and intimate quarters. In a medley of contemporary and Mediterranean culture, everything is minimal and customisable, conceived to foreground the yacht-building tradition and a signature Italian style with its inimitable craftsmanship.

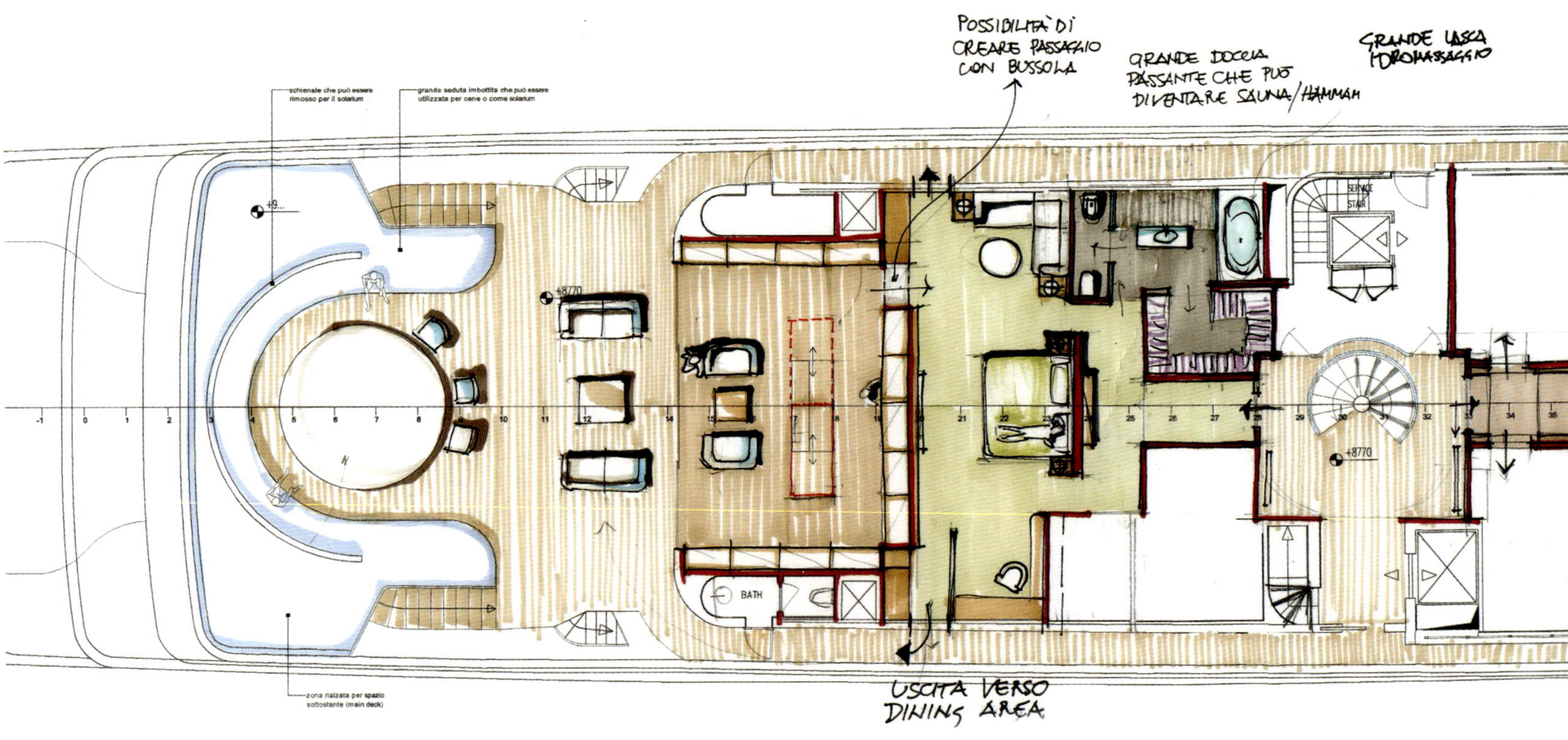

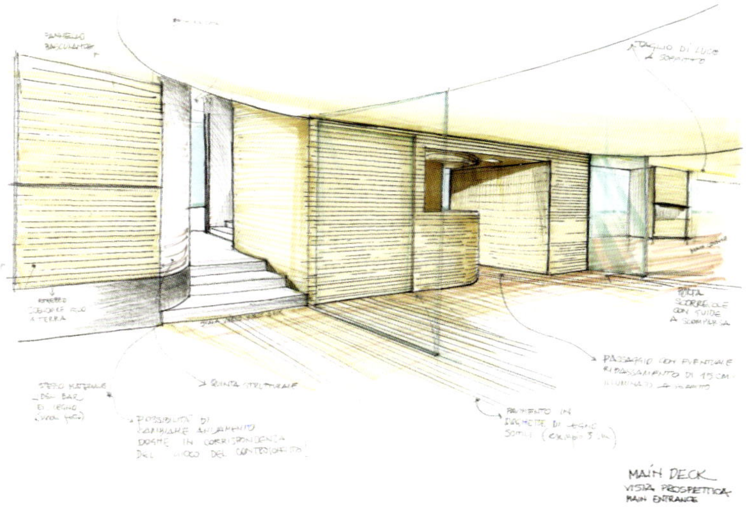

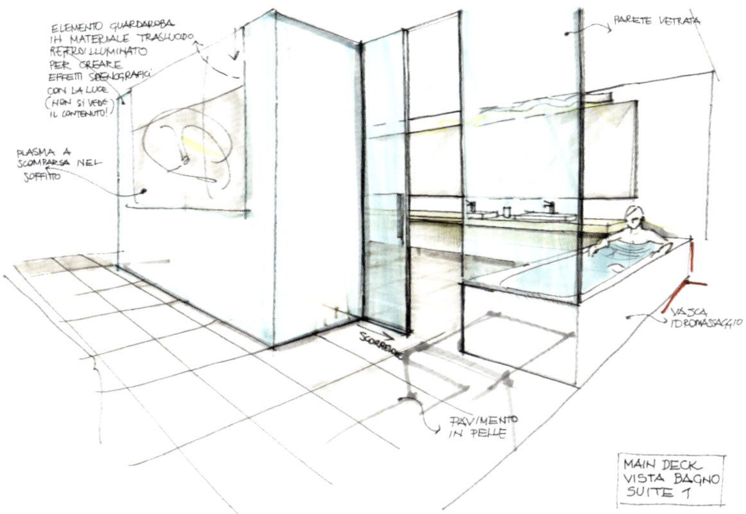

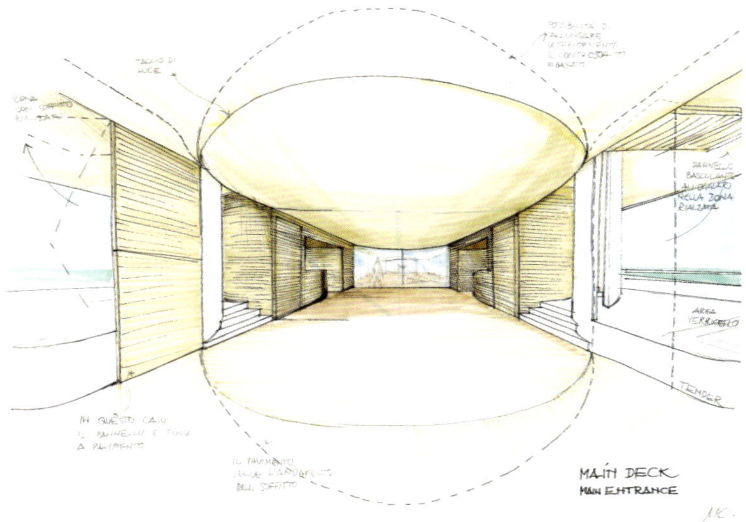

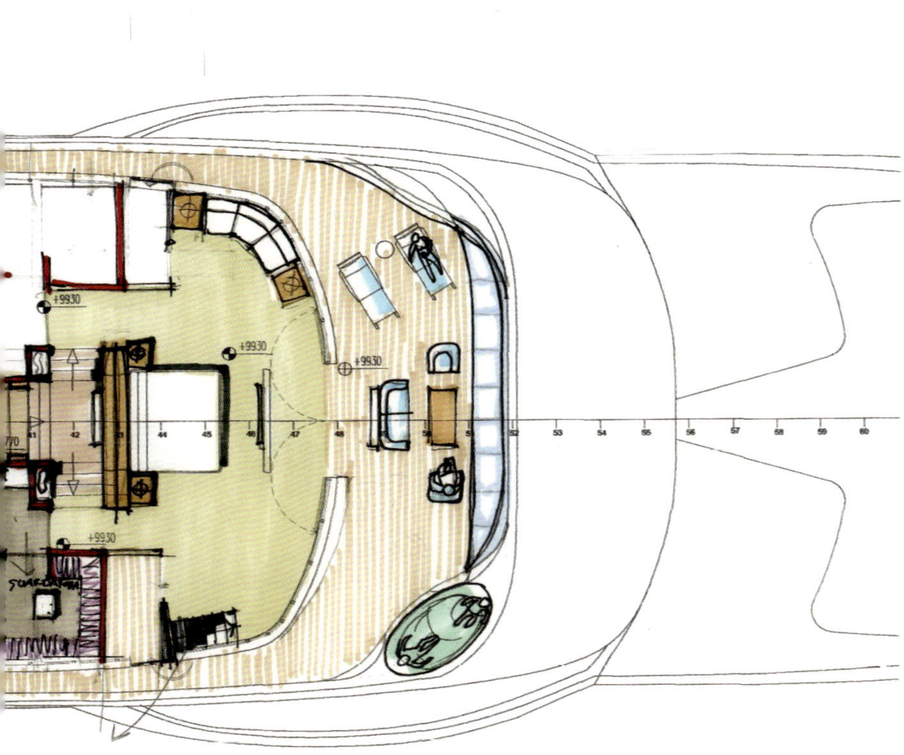

Alcuni bozzetti di studio con la definizione del layout e dei materiali

Some of the project sketches defining the layout and materials

Emozioni domestiche in ufficio

A domestic mood in the office

Ilario Ormezzano SpA
HQ
Milano, 2010

Il progetto per i due piani di complessivi 400 metri quadri di un edificio industriale, interamente ricostruito nel 2009, parte dall'aspetto illuminotecnico, funzionale per le ore operative, più emozionale per quelle serali e notturne. "L'architettura non scompare al tramonto. Vive anche dopo l'orario di chiusura", dice Delrosso. "Volevamo imporre un carattere domestico, che non fosse solo incentrato sugli arredi pregiati ma che potesse infondersi con l'introduzione di elementi emozionali, in grado di mutare la scena anche per chi si trattiene in ufficio oltre l'orario consueto". A richiamare idealmente l'alternanza del giorno e della notte sono due volumi che si fronteggiano al primo livello (terzo piano dell'edificio): uno scuro, rivestito di resina con effetto "grezzo", che ospita la *kitchenette* e i servizi, e si estende, quasi agganciandosi, al piano superiore tramite i vani delle due scale simmetriche; l'altro, adibito a sala riunioni, è trasparente, di cristallo occultabile all'occorrenza con tendaggi bianchi. Se il primo rimane sempre impenetrabile, il secondo si illumina "sul far della sera" con una luce lunare. I due livelli sono open space specchiati e riproducono scansioni diverse del lavoro e dei suoi ritmi. In quello inferiore, suddiviso in dodici unità operative flessibili, si respira un'atmosfera diurna, più operosa. In quello superiore (quarto e ultimo piano dell'edificio), con il soffitto inclinato, tutto è più raccolto e silenzioso. La divisione dello spazio è più netta, più domestica, ma comunque fluida nelle fenditure trasparenti che collegano visivamente fra loro i quattro uffici direzionali chiusi.

The project for the two storeys covering a total floorspace of 400 square metres in a factory that was completely rebuilt in 2009, takes its cue from the perspective of the illumination, which remains functional for the daytime hours, becoming increasingly expressive as the evening draws in. "The building does not disappear at nightfall. It continues to live after lockup time", says Delrosso. "We wanted to graft a domestic mood onto the place, not just focusing on the fine furniture but through the introduction of more personally expressive features that could make a change for anyone who stayed after the usual office hours of 8 to 4pm." Openly alluding to alternation of day and night are two units that face each other on the first level (the third storey of the building): one dark clad in resin with a "raw" effect enclosing the kitchenette and restroom facilities, and extends almost interlocking with the storey above via the sections of the two symmetrical staircases. The other unit is a transparent meeting-room encased in glazing that can be screened off with white veils when required. While the former of these two remains always impenetrable, the second glows upon the onset of evening with a lunar shimmer. The two levels mirror each other on an open-plan scheme and elicit different working layouts and rhythms. The lower level is divided into twelve operative units and is evidently a more busy, daytime kind of environment. In contrast, the upper level (the fourth floor of the building) with its sloping ceiling is all silence and calm. The division of spaces is more clear-cut, even domestic, but remains nonetheless fluid by means of the large transparent openings that offer visual continuity among the four distinct manager's offices.

La veduta esterna dei due piani ristrutturati in un edificio industriale

Outside view of the two storeys rehabilitated from an industrial building

La sala riunioni è un cubo di cristallo; luci davide groppi

The meeting-room is a cube of crystal glass; lighting by davide groppi

L'intervento è giocato sull'alternanza di pieni e vuoti con setti in muratura intervallati da vetrate che pongono tutto in comunicazione

The project plays on alternating mass and void by means of masonry sections interrupted by glass, allowing visual fluidity

I percorsi di luce sono segnati dai punti luce a incasso *Mima* di Delrosso per davide groppi

The routes are marked out by *Mima* recessed wall-lights designed by Delrosso for davide groppi

Tutto è studiato a favore di un'atmosfera domestica

The interiors are devised to create a welcome domestic mood

Cubi pieni rivestiti di resina con effetto grezzo ospitano le zone di servizio, in contrapposizione al cubo trasparente

Solid cubes clad in raw-look resin house the service units, offering a counterpoint to the transparent cube

CafèB Restaurant + SkyB Lounge
New York City, 2011

Fotografie / Photos Adrian Wilson

Il dehor del *CafèB Restaurant* sulla 28th Street a Chelsea, New York

The outdoor deck of the *CafèB Restaurant* on 28th Street in Chelsea, New York

Sui tetti di New York

Affacciato sulla 28a, al piano strada dell'edificio dell'Hotel Indigo Chelsea a New York, è il locale più recente realizzato dallo studio Delrosso per la catena *Bice*. Anche in questo caso la scelta non è stata folcloristica: il riferimento all'italianità è tutto incentrato su Milano, città-specchio del Made in Italy e sinonimo dei ritmi frenetici, cadenzati dai proverbiali aperitivi. Ma anche espressione di uno stile contemporaneo e cosmopolita, che sa miscelare le sollecitazioni internazionali preservando le buone cose italiane, come la gastronomia e i tempi lenti della convivialità. Quindi l'idea è stata di creare un contenitore con una palette colore neutra, una semplice "cornice" con spazi aperti, fluidi e poco strutturati, nel quale lasciare esaltare i colori e i sapori della cucina nostrana. Non è assente però l'allusione all'anima più mediterranea, che vive nel cortile, spazio-soglia fra il dentro e il fuori. Il dehor è infatti concepito come "un portico di memoria mediterranea" realizzato con canne flessibili in resina bianca.
L'estensione naturale del *CafèB* è in uno spazio lounge sul tetto dell'edificio: un omaggio alla città di New York, alla sua verticalità e ai suoi tetti con i caratteristici serbatoi d'acqua. "Lo skyline di New York è un luogo vero e proprio e non solo un'immagine", dice l'architetto. "Un paesaggio che diventa architettura, se pur architettura di tipo spontaneo, non progettata. Ho voluto quindi riprodurre lo stesso effetto, evitando rielaborazioni o espressioni di stile, cercando invece di evidenziare l'impatto visivo, proponendo arredi bassi, che disponessero alla veduta, e con gli stessi effetti cromatici e materici del paesaggio intorno".
Le sedute scultoree di metallo, alternate a chaise longue disegnate appositamente, sono atolli su cui sostare e diventare parte del panorama circostante. "Queste sono più ampie e morbide per accentuare la diversità di volumi e soluzioni, come avviene appunto in ogni territorio spontaneo. Per ridurre il confine tra lo *SkyB* e l'esterno, abbiamo anche adottato lastre di vetro sfumato per le vetrate. In alcune ore del giorno la vista diventa evanescente, quasi onirica".
La ricostruzione di una *water tower*, realizzata con il più antico produttore statunitense di serbatoi d'acqua, Rosenwach, è diventata una specialissima sala da pranzo in occasione dell'evento *Dining by Design* 2013, organizzato dalla DIFFA (Design Industries Foundation Fighting AIDS) per la raccolta di fondi a favore della ricerca. "Questi grandi volumi che costellano i tetti della città mi hanno sempre suggerito l'idea di un mondo quasi parallelo, un mondo sopra un altro mondo, separato dal trambusto sottostante ma legato a ciò che avviene in basso. Se considerassimo anche questo 'mondo di sopra' come uno spazio da vivere, forse ci renderemmo conto che lo sviluppo di una città non sempre richiede la creazione di nuovi edifici.
Alle volte basterebbe osservare con occhio diverso le aree ancora poco utilizzate".

On the New York rooftops

Looking out on 28th Street on the street level of the Hotel Indigo of Chelsea, New York, this is the most recent locale conjured up by Delrosso for the *Bice* restaurant chain. Here too he has eschewed the "folklore" approach to conveying the concept of Italian-ness, all centred on the city of Milan, the epicentre and emblem of today's new Italian style, its frenetic urban rhythms intercut with the city's proverbial evening aperitif culture, but also its contemporary and cosmopolitan style laced with international memes, cleaving to all things Italian such as the nation's gastronomical zest and the custom of tarrying around the dining table. Hence the idea was to create a container with a neutral colour scheme, an uncluttered setting of open spaces with a fluid feel in which the colours and flavours of Italian cuisine would reign supreme. This does not exclude ample allusions to the more Mediterranean mood of courtyards with their keen sense of threshold between inside and out. The *dehor* is conceived as a sort of "reminder of the erstwhile Mediterranean portico" realised in white resin flexible canes.
The natural extension of the *CafèB* is a lounge space on the roof of the building, a homage to the city of New York, its verticality and its characteristic rooftops and water-tanks. "The New York skyline is a real place, not just an image", observes Delrosso. "It's a landscape that becomes architecture, albeit one that is spontaneous rather than planned. Which is why I wanted to create the same effect, avoiding stylistic re-workings or expressions and instead trying to underscore the visual impact, with low fixtures that allow unimpeded viewlines, and with the same palette of colours and materials as the surrounding landscape." The metal seating, alternated with customised chaise-longues, are little atolls on which to rest and take part in the surrounding panorama. "These are larger and softer to emphasise the diversity of volumes and solutions, as actually happens with any 'spontaneous' territory. And so as to reduce the boundaries between the *SkyB* and the outside we installed frosted glass for the windows. At certain times of day the view becomes evanescent, almost dreamlike."
The reconstruction of the water-cistern, completed in tandem with Rosenwach, the oldest water-tank production company in America, became a very special type of dining-room on the occasion of the *Dining by Design* 2013, a fund-raising event organised by DIFFA (Design Industries Foundation Fighting Aids) for research. "These hulking features dotting the city's rooftops always struck me as presenting a sort of parallel world, a 'world above the world' separate from the bustle down below, yet linked to what is going on down there. If we consider this 'aerial world' as another space for living, maybe we can realise how the growth of the city does not necessarily entail more buildings. At times all we need to do is look differently at the areas that are as yet unused."

Le sedute in alluminio e il banco reception champagne sono stati realizzati da HENRYTIMI

The reception desk and seating in champagne aluminium were produced by HENRYTIMI

Le foto in bianco e nero scaldano l'ambiente e raccontano l'italianità nel mondo, tipica della catena *Bice*

The black-and-white photographs lend a note of warmth, offering glimpses of Italian style across the world, typical of the *Bice* chain

Le vetrate di protezione sono sfumate per accentuare l'effetto straniante sul panorama circostante. La parte edile e le finiture sono state curate da Italian Finest Custom Creation NYC

The protective glazing are frosted to give a dreamy view of the surrounding panorama. The masonry sections and finishing were curated by Italian Finest Custom Creation NYC

Protagoniste del lounge bar *SkyB* sono le tipiche cisterne d'acqua sui tetti delle vecchie case di New York, della cui vista si gode, in modo naturale, dalle sedute basse disegnate anch'esse da Delrosso come approdi in un paesaggio sospeso e fluttuante

The keynote of the *SkyB* lounge bar are the classic water-towers dotting the skyline of New York, which can be admired from the low seating, also designed by Delrosso, which extend like jetties into the suspended, floating landscape

Con una visione utopica di città orizzontale autonoma, le *water towers* sono state trasformate, per un concorso, in serre autosufficienti per giardini e orti urbani. Con l'idea delle coltivazioni a chilometro zero

As part of a competition, the rooftop water-towers became elements of a utopian vision of a self-sufficient horizontal world in which little gardens and urban vegetable plots provided sustenance with zero food-miles

Le iconiche strutture sono ancora motivo ispiratore anche in occasione della manifestazione *Dining by Design* 2013: una cisterna ricostruita in legno con l'azienda americana Rosenwach è diventata una sala da pranzo. Sul tavolo accessori realizzati in Marmocode con Ariotti Marmi

The iconic rooftop water-towers were once again the inspiration for the 2013 *Dining by Design* event, in which a cistern made of wood in conjunction with the American firm Rosenwach became a dining-room. On the table sit accessories made of Marmocode produced by Ariotti Marmi

Fotografie / Photos Timothy Kolk

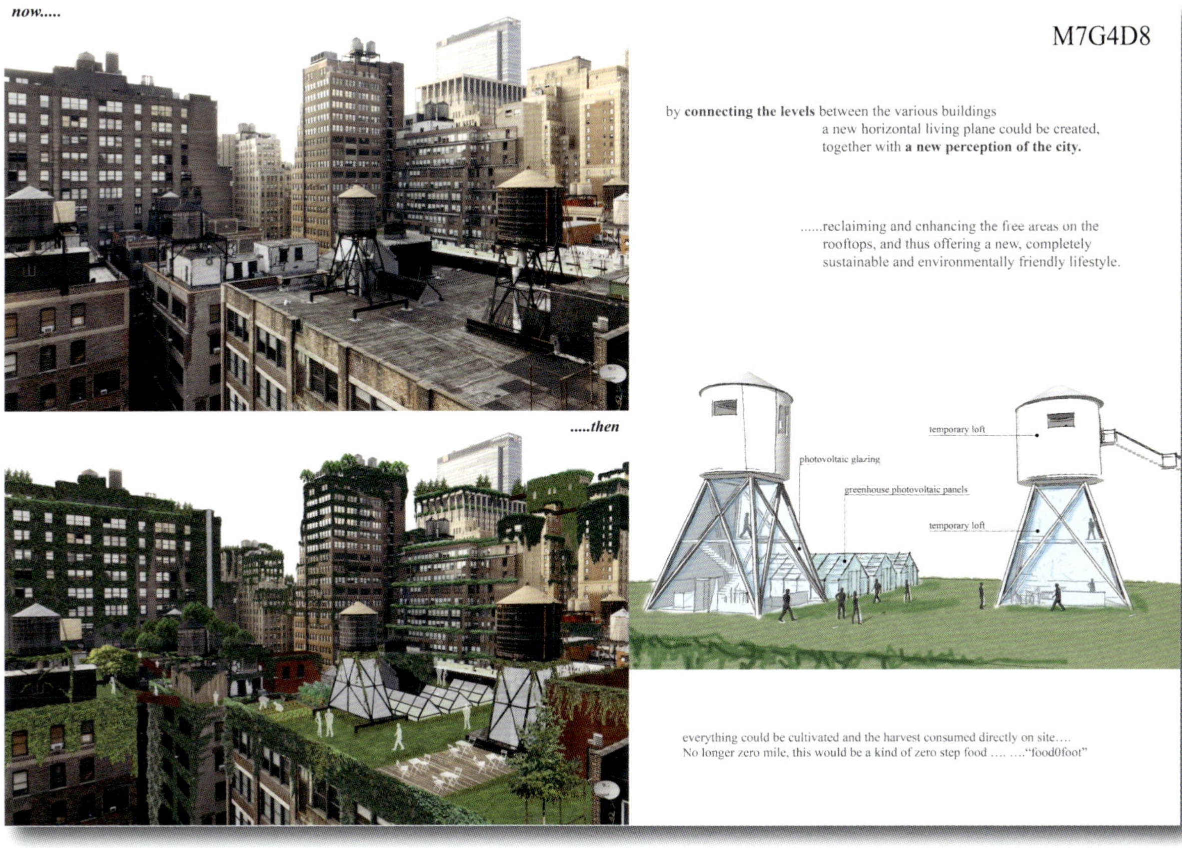
now.....
M7G4D8
by connecting the levels between the various buildings
a new horizontal living plane could be created,
together with a new perception of the city.
......reclaiming and enhancing the free areas on the
rooftops, and thus offering a new, completely
sustainable and environmentally friendly lifestyle.
.....then
temporary loft
photovoltaic glazing
greenhouse photovoltaic panels
temporary loft
everything could be cultivated and the harvest consumed directly on site....
No longer zero mile, this would be a kind of zero step food ...."food0foot"

La stanza delle idee

The room of ideas

Studio Federico Delrosso Architects, Milano, 2011

Fotografie / Photos Luca De Santis

Entrando nello spazio di lavoro dove Delrosso ha scelto di stabilire il suo studio a Milano, dopo il trasferimento da Biella, è facile comprendere le linee direttive del suo operare. Si accede direttamente da un cortile tranquillo e silenzioso, ma le grandi finestre e la felice collocazione angolare al piano rialzato di un edificio ottocentesco nel cuore della città lo immergono in un'atmosfera prettamente metropolitana. In precedenza era uno spazio di lavoro artigianale, e dal precedente proprietario l'architetto ha acquisito gli antichi mobili in cui venivano custoditi materiali, arnesi e cravatte. Per non alterare la classica struttura originaria aperta e scandita solo da colonne di pietra, ha introdotto una "casetta" ricavata da un container di legno da spedizione: "La *scatola* è il luogo del dialogo e delle idee, è il nuovo che si innesta sull'antico non per cancellarlo, ma per lasciare la possibilità di immaginare qualcosa di non ancora compiuto. E all'occorrenza può essere recuperato l'uso originario per impacchettare lo studio e partire...". Legno e pietra, memoria e innovazione, materialità e impalpabilità, luce e ombre, spazio libero e circoscritto, segno minimale, calore accogliente: si ritrova tutto qui. Come punti fermi di un continuo divenire. Di una metamorfosi costante.

Anyone who sets foot in the headquarters in Milan that Delrosso chose when he moved his outfit from Biella will quickly grasp the directives that steer his enterprise. The access ushers into a quiet and silent courtyard, but the large windows and the corner position on the first storey of a nineteenth-century building in the heart of the city re-situate it in a distinctly urban atmosphere. Formerly the premises was a workshop, and the architect purchased from its previous owner the old furniture for storing the materials, equipment, and neckties. So as not to alter the original classic open scheme with its iron pillars, Delrosso has introduced a "crate" cobbled from shipping timber. "The *box* is the place of dialogue and of ideas; it is the 'new' grafted onto the ancient in a way that does not cancel it, while leaving open the idea of something as yet unfinished. And, when needed, its originary function can be recouped: pack up the studio and go away..." Wood and stone, memory and innovation, the tangible and the impalpable, light and shadow, free space and circumscribed space, leanness of design, welcoming warmth: all this you will find here. Fixed points in a continuous becoming, a constant metamorphosis.

Il portale in metallo di accesso alla zona di servizio

The metal threshold of the service zone

Nel grande spazio libero di un ex laboratorio artigianale di cravatte, un container di legno è lo spazio del dialogo e delle idee

In the large open-plan space of a former tie-maker's workshop, a wooden container offers an enclosure for dialogue and swapping ideas

Tavoli e contenitori sono realizzati su disegno (Gardiman, Fortin, Biella)

The tables and containers are all custom-made (Gardiman, Fortin, Biella)

Nell'area di lavoro dell'architetto, un vecchio mobile contenitore-espositore, ereditato dal precedente proprietario. Sullo sfondo il container

In the architect's personal work area stands an old display cabinet inherited from the previous owner. In the background is the container

La libreria componibile realizzata in quattro moduli di diversa misura si presta ad avere diverse configurazioni e utilizzi

Comprising four modules of different sizes, the bookcase system offers a choice of arrangements and uses

Sofisticata accoglienza contemporanea

Sophisticated contemporary hospitality

Apt AB
Biella, 2011-2012

Fotografie / Photos Luca De Santis

Nessuna licenza decorativa all'atmosfera sofisticata valorizzata dall'unitarietà di un progetto strutturato su due assi centrali, lungo i quali sono collocate pannellature e librerie che dividono e connettono un ambiente con l'altro. Torna il tema, caro a Delrosso, delle quinte scorrevoli che modificano l'ambiente come elementi strutturali sempre in movimento. Incernierate su un perno centrale, le porte a tutta altezza sono a scomparsa, accentuando la sensazione di fluidità e libertà dei percorsi, pur tutelando la distinzione nelle diverse zone della casa. L'abbondante luce naturale viene sostituita nelle ore serali dalla puntuale luce artificiale incassata che illumina il soffitto di tutto l'appartamento, di circa 300 metri quadri, trasformandolo in un cielo stellato. L'aspetto minimale e accentuatamente contemporaneo era una richiesta specifica della coppia di industriali biellesi che ha scelto la città alla precedente sistemazione in campagna connotata, al contrario, da un gusto classico.

No decorative licence was taken with the sophisticated atmosphere valorised by the unitary feel of this project structured along two central axes, which provide the backbone for panels and bookshelves that both connect and divide the rooms. Once again we have one of Delrosso's favourite themes of sliding partitions that modify an ambience as structural elements in continuous movement. Pivoting on a central hinge, the full-height doors disappear from view, accentuating the sense of fluidity and freedom in the flow-lines while maintaining the distinctions between the different zones of the house. The plentiful daylight is replaced at nightfall by the system of recessed units lighting the ceilings throughout the apartment of around 300 square metres, transforming it into a starry firmament. The minimalist and keenly contemporary slant was requested by this couple of Biella industrialists, who decided to move to the city from their country house, which in contrast has a distinctly classical flavour.

Tutto l'appartamento si muove e cambia aspetto con il gioco di pannelli metallici (Fortin, Biella) che possono ospitare opere d'arte tramite ganci magnetici studiati ad hoc

The entire apartment moves and alters its appearance via a system of metal panels (Fortin, Biella) for displaying works of art via a set of customised magnetic hooks

In primo piano il tavolo *Moebius* (HENRYTIMI) caratterizzato da un solco centrale, per accogliere oggetti o complementi per la tavola

In the foreground, the *Moebius* table (HENRYTIMI) with its characteristic central trough designed for objects and table accessories

In contrasto con l'arredo chiaro,
il pavimento è in resina antracite (Rezina)

To contrast with the pale furniture,
the floors are in anthracite grey resin
(Rezina)

Il gioco dei pannelli mobili è interpretato
anche dagli scaffali-divisori

The system of mobile panels is also
echoed in the partition-bookcases

La cucina con il grande monoblocco in pietra, come gran parte dei mobili della casa, è stata realizzata da HENRYTIMI. Le luci sono di Delrosso per davide groppi

The dominant stone kitchen unit, as most of the furniture through the house, was produced by HENRYTIMI. The lights are by Delrosso for davide groppi

L'appartamento ha un forte impatto materico: per gli arredi, oltre al metallo, sono stati utilizzati la pietra e il legno di betulla

A key feature of the apartment is the type of materials: besides metal, the furniture involves the use of stone and birch wood

Una casa in quota

A high-flying house

Apt AC
Monaco, 2011-2012

Fotografie / Photos Luca De Santis

Sfruttare al massimo lo spazio e privilegiare l'area di vita in comune: questa era l'esigenza di una famiglia italiana che vive e lavora nel Principato di Monaco per un appartamento di circa 200 metri quadri al quattordicesimo piano di un edificio anni sessanta. Con la consueta inclinazione sartoriale, la ripartizione totale degli spazi è stata realizzata con un sistema continuo di contenitori, mimetizzati dalle pareti, che integra a tutta altezza anche le porte di accesso a stanze e servizi. A sottolineare l'intervento che ha creato una "nuova casa" nella vecchia casa, l'aspetto volutamente monolitico del sistema è alleggerito da fessure di luce e trasparenze. È scostato dalle pareti portanti, e a tratti interrotto con strette feritoie di vetro che permettono di "spiare" nella profondità e nella continuità dell'ambiente. Tutto è pensato nella visione di un'armonia generale. Anche l'impianto audio, a soffitto, partecipa con il nitore delle pareti alla creazione di un clima soffuso e compenetrato fra il contenitore e i suoi abitanti: una scatola bianca, simile a una galleria espositiva, destinata ad accogliere importanti pezzi di design e di arte. Estensione esterna della zona giorno, il terrazzo è un elegante salotto "nautico" in quota, data l'altezza dell'edificio e la mirabile vista sulla costa.

Make the most use of the space and emphasise the daytime area where they spend time together: this was the request made by the Italian family living and working in the Principate of Monaco for an apartment of around 200 square metres on the fourteenth storey of a building dating from the 1960s. Following his customary sartorial inclinations, the architect sliced up the total area via a continuous system of containers that blend into the walls, and which also integrate full-height with the doorways accessing rooms and services. Underscoring an operation that has created a "new home" in the old one, the deliberately monolithic tone applied to the place has been lightened by a series of illuminated and transparent gaps. The inner shell stands shy of the support walls, and at intervals is interrupted by narrow gashes of glass that afford glimpses into the depths and lend continuity to the ambience. Everything is conceived around an idea of general harmony. Similarly, the audio system built flush into the ceiling contributes to the suffused and intermingling climate between the container and those inhabiting it. A white box, similar to an art gallery, devised to harbour important pieces of design and art. An extension of the day zone, the terrace is an elegant "high-flying" nautical sitting-room given the height of the building and the admirable view of the seashore.

Il taglio a soffitto corrisponde ai tagli verticali che si ritrovano in tutto l'appartamento. Il distacco dalle pareti perimetrali sottolinea il nuovo intervento nel vecchio "contenitore"

The gap in the ceiling is aligned with the vertical gashes ranged through the apartment. The new perimeter is set out from the original support walls to endorse the old "container"

Keith Haring
PICASSO
WARHOL

Il pilastro è reso funzionale
con la trasformazione in libreria

The pillar has been conveniently
repurposed as a bookcase

Dalla parte opposta accoglie uno scrittoio.
Il particolare del taglio di comunicazione
fra la zona living e la zona notte.
Sul pavimento la lampada *Estasi*
di Delrosso per davide groppi

Opposite stands a writing-desk. Detail
of the gash between the living area
and the night zone. The floor lamp
is Delrosso's *Estasi* light, produced
by davide groppi

In cucina arredi a misura HENRYTIMI. Le ante a scomparsa mimetizzano completamente il blocco dispensa ed elettrodomestici

Customised kitchen furniture by HENRYTIMI. The sliding doors perfectly camouflage the pantry block and electrical appliances

Le porte sono concepite come setti apribili nelle pareti e contribuiscono a dare quella sensazione di apertura nella continuità dello spazio

The doors are conceived as opening panels housed in the walls, and enhance the general sense of spatial continuity

Come una firma lasciata dall'architetto, anche questi corridoi sono segnati dalle lampade *Mima* (davide groppi)

The line of *Mima* lights (davide groppi) embedded in the walls has become virtually a signature of Delrosso's work

Il terrazzo è concepito come un'estensione dell'appartamento, da cui si può godere di una magnifica vista sul lungomare di Monaco

The patio is devised as an extension of the apartment to give a fine view over Monaco's seafront

Manipolare le percezioni

Manipulating perceptions

Gagà Milano Store
Milano, 2012

Lo store del brand milanese di orologeria Gagà Milano segna un altro confronto con la relazione fra spazio e tempo, e la sua rappresentazione. Un avamposto nel centralissimo corso Venezia, dopo le aperture all'estero, che si annuncia con una vetrina in cui gli orologi sono esposti in uno scavo a nastro ricavato in un mobile espositivo illuminato da una striscia LED, e naturalmente con la gigantografia del marchio: un grande quadrante con i numeri colorati extrasize e l'iconica corona a ore 12, retto da una base-cinturino fuori scala. La condizione progettuale di partenza è data dallo spazio ridotto: solo 40 metri quadri a piano strada (oltre ai 28 interrati, adibiti a servizi). La soluzione funzionale, dettata dall'altezza, ha riguardato la disposizione di un soppalco di 11 metri quadri, la cui zona sottostante ha beneficiato di un maggiore raccoglimento, e lo studio dei mobili contenitori ed espositivi a parete. La soluzione più "percettiva" è invece stata raggiunta, oltre che con l'illuminazione a incasso, tramite l'installazione di due pannellature a tutta altezza in ferro lasciato grezzo, leggermente inclinate. Espediente che ha creato un angolo di distorsione delle pareti, quasi impercettibile alla vista ma capace di ampliare lo spazio grazie anche alla contrapposizione fra bianco ottico di muri, soffitti e arredi (realizzati *ad hoc*) e il nero matt della pietra scelta per la pavimentazione.

The store of the Milanese watchsmiths, Gagà Milano, marks another encounter with the relation between space and time, and its representation. Situated in a prime spot on Corso Venezia, inside the entrance lobby – bordered with running display vitrines housing watches in a deep trough illuminated by a strip of LEDs, and of course the brand's name writ large – one reaches an outsize clock-face with a dial of coloured numbers and iconic winder at 12 o'clock set atop a plinth designed like a watch-strap. The departing restriction for the makeover was the cramped floor-plan of a mere 40 square metres (plus another 28 square metres of service space in the basement). The functional solutions were influenced by the extra ceiling height, prompting the inclusion of a mezzanine (of 11 square metres), whose space below became more compact, and customised container-display units built into the walls. The more distinctly visual solutions came about through the recessed lighting and two tall sections of raw metal panelling set at a slight angle. This device skews the walls almost imperceptibly, but gives the impression of greater space thanks also to the offset created by the white walls and ceilings and fixtures (all custom-built) and the matte black chosen for the floor material.

Il soppalco riservato per la visione prodotti

The mezzanine assigned for product viewing

Particolare della vetrina a nastro e del monoblocco del bancone espositivo-vendita (HENRYTIMI); luci davide groppi

Detail of the strip showcase and the solid unit of the sales-display desk (HENRYTIMI); lighting by davide groppi

Il taglio della scala che porta al soppalco, con le pareti metalliche inclinate

The staircase rising to the mezzanine, with the sloping metal walls

Zero
Lagoon Catamaran 55 (1991)
Miami FL, 2012

Open space sull'acqua

Zero è un catamarano di 55 piedi costruito nel 1991 dalla gloriosa azienda Lagoon, celebre per il trimarano *Oracle*, vincitore della America's Cup 2010. Come una sfida agonistica, il lavoro di restyling è stato impegnativo: non bisognava compromettere le prestazioni di navigazione con interventi che avrebbero potuto alterarne le caratteristiche strutturali. "Volevamo trasformarlo in una barca moderna, *easy*, e pratica da gestire", racconta l'architetto per questo impegno che lo ha condotto sulla costa di Miami. Portato in secca, il catamarano è stato smontato e ridisegnato completamente, mutando l'aspetto a cominciare dai colori giocati sul nero, grigio e bianco visibili fin dal nuovo tambuccio con vetri oscurati. Arredi in laminato grigio, con cuscinerie in tinta per la tuga e il pozzetto di prua. Vernice scura sui legni originali interni. Pavimentazione in Teak per la coperta, in tessuto sintetico (Bolon) grigio all'interno. Un intervento mirato a migliorare la qualità della vita a bordo nel rispetto dei principi della vita sul mare, che ha trasformato *Zero* in un confortevole e minimale loft galleggiante.

Open space on the water

This catamaran was built in 1991 (55 feet in length) by the glorious Lagoon yacht-building company, known for its *Oracle* trimaran that won the coveted America's Cup in 2010. The job of restyling the racing yacht was a kind of athletic challenge in itself. Any jeopardising of the vessel's sailing performance with any alterations to the structural characteristics of the boat was clearly to be avoided. "We wanted to transform the yacht into a modern, manageable sailing vessel", relates the architect, for this project that took him to the coasts of Miami. The yacht was placed in dry dock, dismantled, and completely redesigned, its appearance overhauled through an interplay of black, grey and white, visible throughout as in the new prow cabin, with its dark-tinted privacy glass. Furniture in grey laminate with matching upholstery throughout the deckhouse and cockpit. Dark paintwork on the original wooden interiors. Teak floors for the outside decks, and grey Bolon synthetic resin inside. The entire concept aims to enhance life onboard, transferring the principles of living style to the seas, transforming the *Zero* into a comfortable and minimal floating studio apartment.

Il catamarano *Zero* dopo il restyling

The *Zero* catamaran after the restyling

GARMIN
GARMIN

I colori e la scelta di un arredo minimale e contemporaneo hanno sfruttato al meglio lo spazio trasformando il catamarano in un loft galleggiante

The colour scheme and minimal contemporary furniture ensure the maximum use of the space, transforming the catamaran into a floating studio apartment

Prodotto

Product

La luce come materia

Light as matter

Mima
Apparecchio luminoso da incasso
Recessed lighting unit
davide groppi, 2006
Segnalazione / Special mention
XXI Compasso d'Oro ADI 2008

Fotografia / Photo Fausto Mazza

È la sintesi fra la cura del dettaglio architettonico e lo studio della sua funzione nel contesto. La lampada da parete *Mima* nasce nel 2005, nel corso di un progetto di interni, per poi entrare dall'anno seguente nel catalogo davide groppi. *Mima* apre quella che si dimostrerà una collaborazione duratura con il designer e imprenditore piacentino, puntellata da oggetti luminosi che scaturiscono dalla definizione di un progetto globale, perché, come dice Delrosso, "la casa è il tutto, e in un progetto di interior mi viene naturale progettare le murature, ma anche gli arredi che contribuiscono a dare una forza complessiva, a organizzare e percepire spazi e percorsi". La luce artificiale è materia, al pari delle altre, come lo è quella naturale nello studio architettonico. *Mima* prende il nome dalla sua prestazione: si incassa a filo nelle pareti e può essere anche dipinta, con un effetto mimetico. È un segno netto e soffuso, senza sbavature, che si rivela solo quando è illuminata. Appena lanciata sul mercato, fu subito selezionata per l'*ADI Design Index 2006* (la pubblicazione annuale dell'Associazione per il Disegno Industriale); due anni dopo meritò la segnalazione per il Compasso d'Oro ADI e venne accolta nella collezione permanente intestata al Premio.

These lighting units are the epitome of Delrosso's attention to architectural detail and to function in context. The *Mima* wall-light was created in 2005 during a project for interiors, and subsequently entered the davide groppi production catalogue. This design marked the beginning of an enduring collaboration between the designer and the Piacenza-based entrepreneur, for whom Delrosso created various light designs prompted by a more encompassing concept whereby, as Delrosso states, "the home is everything, and when devising interiors I instinctively go beyond the walls to design the furniture that contributes to the overall cohesion and helps organise and perceive the space and routes through space." Artificial light is matter like any other, just as daylight is a material element of architectural design. The name *Mima* comes from its performance characteristics: it is embedded flush with the wall and can even be painted over, mimicking the surface like camouflage.
The device gives out a neat glow and is invisible unless it is actually switched on. As soon as it appeared on the market in 2006, it was included in the *ADI Design Index* (an annual catalogue of products published by the Industrial Design Association), and two years later it was commended for the Compasso d'Oro ADI award, and entered the Prize's permanent collection.

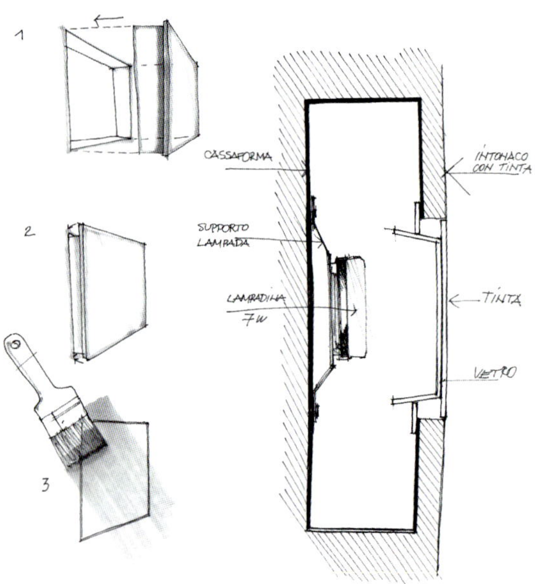

Rivisitazione di un archetipo

Revisitation of an archetype

Candle
Portacandela/ Candle-holder
davide groppi, 2008

Fotografia / Photo Fausto Mazza

Sovvertire i punti di riferimento, rivestire gli oggetti di un aspetto ludico, offrire occasioni di illusione: sono gli accenti ricorrenti nel design di Delrosso che si ritrovano in *Candle*. Sviluppata con Davide Groppi, è una luce di atmosfera, minimale, che gioca con le apparenze. Come gran parte dei suoi oggetti, è stata definita nel corso di un progetto di interior. In questo caso, il ristorante *Notime* di Montecarlo. "Occorreva un punto luce sui tavoli, ma cercavo un'alternativa alla luce artificiale e volevo qualcosa che si accordasse in modo armonioso e discreto con l'ambiente. La candela era un giusto compromesso, ma non volevo ricalcare la tradizione. Ho disegnato quindi un portacandela che fosse rassicurante con le sue linee pulite, ma che al tempo stesso potesse ingannare l'occhio, anche solo per un istante, ricordando una lampada a corrente."

Delrosso tends to take an object and subvert our reference points, adding a note of whimsy and visual illusion, as he did when he rethought the classic candle-holder. Developed by Davide Groppi, this tea-light offers a minimal atmospheric glow that toys with appearances. As with a great many of his objects, this one was part of an interior design project. In this case the project was the refurbishment of the *Notime* restaurant in Montecarlo. "They needed a source of light for the tables, but wanted an alternative to artificial lighting, something that would harmonise discreetly with the ambience. A candle was an apt compromise, but I preferred not to resort to tradition, and so I designed a candle-holder that would have a lean, reassuring outline, but would also trick you into believing, just for a moment, that it was an electric lamp."

Ricerche sostenibili

Sustainable research

***Marmocode*, Ariotti Marmi, 2009**

Dopo svariati anni di collaborazione con l'architetto e imprenditore del marmo Guido Ariotti di Vercelli, l'interesse di Delrosso a cercare risvolti pratici e progettuali nella sperimentazione negli ambiti più vari ha dato vita a un inedito materiale lapideo: *Marmocode*, che riprende le linee del codice a barre e si basa sull'assemblaggio degli scarti di lavorazione o di materiale che per difformità di colore o di vena ha scarso valore commerciale. Il prodotto finale valorizza così il lato di costa del lapideo. Seguendo una scelta cromatica codificata, le lastre vengono unite fra loro con resine e procedimenti speciali, formando blocchi che sono successivamente tagliati in lastre o masselli di diversi spessori a seconda delle esigenze. La varietà è infinita, le applicazioni e le prestazioni sono le stesse del materiale originario. È un'innovativa operazione di rinascita e di recupero, che ha portato a interessanti sviluppi in campo architettonico così come nel design.

After several years of working in tandem with the architect and marble entrepreneur Guido Ariotti of Vercelli, Delrosso's focus on finding new and practical outlets for design in different areas of research led to a wholly original material dubbed *Marmocode*. The idea comes from the barcode itself, and entails combining cut-offs from marble production or material rejected for blemishes in tone or weak veins and therefore of little commercial value. The final product endorses layered marble's side-view. Following a codified colour scheme, the marble plates are glued together with resin and special processes to form blocks that are subsequently cut into plates of different thicknesses to suit requirements. This composite material offers infinite variety, and has the same range of applications and performance specifications as the marble proper. The process represents an innovative means for retrieving material that has sparked many interesting developments for interiors, but also for object design.

Rischiarare il buio

Illuminating the darkness

Palpebra
Lampada da tavolo / Table lamp
davide groppi, 2009

Fotografie / Photos Fausto Mazza

La lampada sembra perdere fisicità nel suo indefinibile punto di equilibrio, che si è quasi tentati di forzare, e quasi si smarrisce nel proprio cono di luce e ombra. Ricorda vagamente una vecchia bugia, o un megafono, e lavora con i contrasti. Invertendo il positivo con il negativo, cattura con arguzia la magia della luce nel buio e diffonde l'emozione del contatto e della distanza che spesso immaginazione e realtà stabiliscono fra loro. Non lascia indifferenti. "Ho preferito alleggerire, fino a farli quasi scomparire, gli aspetti materiali dell'oggetto per concentrarmi sull'effetto luminoso, perché mi piace lavorare su quel ventaglio di possibili emozioni che solo le forme archetipiche, la luce, e il loro connubio, riescono a darci." Il nome *Palpebra* è venuto da sé, "pensando al risveglio, a quel breve magico attimo, prima di aprire totalmente gli occhi, in cui la luce filtra appena come da una fessura schiusa, rendendo tutto indistinto nel passaggio fra il sonno e la veglia".

This lamp expresses a curious weightlessness with its off-balance, cone-shaped shade that offers an undefinable light source, which gets lost in its own shade. The shape hints at an old candle-hood or a megaphone, and works by contrasts. Inverting positive and negative, it cunningly captures the magic of light in the dark and conveys the thrill of contact and distance that imagination and reality often establish. Certainly, it is an intriguing piece. "I preferred to try and reduce the object's physical impact until it almost vanishes, so as to focus more on the lighting effects it produces, because I like to toy with that range of emotions that emerge only when archetypes and light are brought together." The name *Palpebra* (eyelid) cropped up of its own accord, he says, "when I thought of waking up and that magical moment before you open your eyes properly, and see light through a slit, and the threshold between sleep and waking is still blurred."

L'idea della luce

The idea of light

Estasi
Lampada multiuso portatile
Portable multi-use lamp
davide groppi, 2010

Fotografie / Photos Fausto Mazza

È lo studio di un'applicazione alternativa delle moderne sorgenti di illuminazione e di un materiale flessibile e trasversale. La lampadina a bulbo, divenuta l'icona di se stessa, crea una lampada portatile di compagnia e una luce di atmosfera, che sembra voler sondare gli abissi.
Realizzata in Technogel®, si illumina con un LED contenuto all'interno. Si alimenta via cavo; la si può coricare e appoggiare su un piano e non teme l'acqua. È una luce che fa sognare a cominciare dal materiale morbido, che invita a essere toccato, sovvertendo con ironia certezze acquisite.

This device offers an alternative application for the modern light sources and for a flexible and multipurpose material. The classic light-bulb shape – which has become its own icon – creates a handy portable lamp that sheds a soft atmospheric light that seems to cleave the darkness.
Made from Technogel®, the device is completely waterproof and lit by a LED contained inside. It is cable-powered and works either standing or laid on its side. It is a light with dreamlike qualities, starting with the soft material, which invites you to touch it, as if wryly defying your preconceptions.

FD301
HENRYTIMI, 2010

Fotografie / Photos Fausto Mazza

Flessibilità d'uso

È lo scarto di pochi centimetri ottenuto con la forma quadrata irregolare, un po' tirata sugli angoli, a rendere possibile l'impilaggio dei due tavoli, nati insieme per poter offrire la possibilità di assecondare diverse esigenze. Il più grande misura 90 x 92 centimetri, il più piccolo 90 x 88; riescono a stare perfettamente l'uno sull'altro se ruotati di 90 gradi ma sono facilmente separabili. Se accostati, ritrovano l'unità nelle gambe che, svasate alternativamente verso l'alto e verso il basso, si ricompongono quasi a formarne una. Più che un tavolo, sembra un ponte, un portale, un accesso verso qualcosa. Un elemento distintivo dell'ambiente. L'approccio di Delrosso, quando concepisce i pezzi di arredo, è quello di un architetto: cerca nei segni soluzioni che definiscano lo spazio e siano portatrici di forme autonome. Il punto di partenza, però, è sempre la sperimentazione: in questo caso, del materiale PaperStone™ e della sua matericità, utilizzato per una edizione limitata e sostituito poi, per la produzione seriale, con l'alluminio verniciato.

Flexibility of use

With their slightly different surface areas (by a few centimetres) and corner splays, these two tables can be neatly stacked and form a pair that can be adapted as needs require. The larger of the two measures 90 by 92 centimetres, the smaller 90 by 88, by which they fit snugly on top of each other (if rotated 90 degrees) and are a doddle to separate, too. When placed side-by-side, the opposing splays of their legs match snugly to make a single leg, as it were. More than a table, the combo is like a bridge, a threshold or access to somewhere. A distinctive component of the environment. For any item of furniture he designs, Delrosso takes the architect's approach: the solutions chosen help define the host space, and affirm a certain autonomy. At any event, each design is also an experiment, in this case with the material PaperStone™ and its properties, which was utilised for a limited number, and was subsequently replaced by painted aluminium for the serial production.

Arcipelaghi domestici

Domestic archipelagos

FD401
Mini tavoli / Mini tables
HENRYTIMI, 2010

Il segno minimale di Delrosso non è mai freddo e austero. Indaga forme rassicuranti e senza tempo, di facile comprensione e di grande libertà compositiva. Così questi mini tavoli circolari, alti solo 12 centimetri e con un diametro di 48. Possono essere impilati, per variarne l'altezza complessiva, o per stoccarli quando non servono, possono essere utilizzati da soli, oppure come sedute. Sono disegnati con una fascia di alluminio laccato, a colore di campionario, chiusa da una sottile lastra di pietra in tinta. Dispersi in un unico ambiente, danno vita ad arcipelaghi cromatici. Se collocati in ambienti diversi, creano un piacevole segno di continuità. In ogni caso non restano oggetti inanimati e sollecitano un'interazione con chi li usa.

Delrosso's signature form of minimalism is never cold or austere. It engenders reassuring, timeless forms that are easily understood and display an untethered spirit of composition. Witness these mini circular tables only 12 centimetres high and 48 across. They can be stacked to create different heights or to stash them away when not in use, or they can be used on their own, and even as little seats. Each unit is composed of a lacquered aluminium band in a variety of colours, and topped with a thin slate of stone of matching hue. If arranged in a single room they generate chromatic archipelagos. If scattered through different rooms they foster a pleasant sense of continuity. Either way, they are not inanimate objects and invite interaction with the user.

Bellagio, Stresa
Sedie /Seating
Atmosfera Italiana, 2010

Fotografie / Photos Fausto Mazza

Design on demand

Questa composita collezione di sedute ha avuto una gestazione insolita. Non è nata con un progetto di interior, ma da un brief preciso. Il committente è il sito atmosferaitaliana.it dedicato alla vendita online di arredi, accessori, prodotti tessili e alimentari, esclusivamente italiani, sviluppato dalla Bonino Carding Machines. L'azienda biellese della lavorazione dei metalli incarica l'architetto di disegnare una serie di sedute capaci di assecondare alcune richieste: la vendibilità via web, la produzione on demand, l'uso principale della lamiera verniciata e il rispetto della tradizione del design italiano. Delrosso accetta con l'entusiasmo che lo contraddistingue: il piacere di accogliere una sfida e di inserire il suo progetto in un divertente gioco di relazioni. "Mi piaceva molto l'idea che i miei arredi sarebbero stati presentati come un pezzo del gusto italiano, a 360°. Sul sito, infatti, ogni volta che viene selezionato un arredo, è suggerito anche un prodotto tessile o alimentare – scelti tra le eccellenze artigianali e regionali italiane – che potrebbe avere un'attinenza stilistica con quanto richiesto. È questo nuovo modo di spiegare lo spirito della produzione italiana ad avermi convinto." Così sono nate alcune sedie ispirate ai nomi delle località del Lago Maggiore. *Stresa* (40 x 53 x h 86 cm) è una sedia "doppia" che ricalca la classica cantiliver; la sua forza è calibrata sul punto di contatto delle due lamiere. *Bellagio* (45 x 47 x h 93 cm) parte dallo stesso concetto della doppia lamiera, ma in questo caso è un segno leggero che si chiude su se stesso.

Design on demand

The genesis of this set of seating represents a departure for Delrosso. The concept was not born as an interior design, but was mandated in the client's brief. The client in question is the website atmosferaitaliana.it devoted to the online sale of furniture, accessories, textiles and foodstuffs – all exclusively Italian – developed by the Bonino Carding Machines company. The Biella-based metalworking company commissioned Delrosso to design a series of chairs that had certain specific characteristics: to be sold online, produced on demand, involve the use of painted sheet metal, and to honour the Italian design tradition. Delrosso responded with his customary enthusiasm, keen to accept the challenge and imbue his project with a wry system of relations. "I was chuffed by the idea that my furniture would be presented as a slice of an all-round offering of Italian style. In fact when you choose an article you are tempted with some textile or food product – picked from top-notch artisan production from all around the country – that might have some stylistic relation to the chosen product. It was this novel way of presenting the spirit of Italian production that won me over." The brief spawned several items of seating named after different towns on Lake Maggiore. For example, *Stresa* (40 x 53 x h 86 cm) is a "double" chair that echoes the classic cantilever; its force is calibrated on the point of contact of the two sheets of metal. Another, *Bellagio* (45 x 47 x h 93 cm) issues from the same concept of the dual sheet of metal, but in this case it is a single sheet folded over on itself.

Imparando dalla luce

Learning from light

Spiragli
Lampada / Lamp
davide groppi, 2010

Fotografie / Photos Fausto Mazza

I tagli di luce e le proiezioni che si liberano dalle feritoie interpretano con una nuova variante l'idea della luce soffusa, della luce progettata per esaltare scorci e disegnare paesaggi. La forma è sempre elementare, un cubo di 40 centimetri per lato, costruito con la lamiera piegata che ricorda un origami e crea una scatola magica. Le aperture sugli angoli fanno filtrare la luce come da una porta socchiusa, aprendo a mondi immaginari pronti a fondersi con quelli reali di un luogo all'aperto e ad animare il circostante con nuove ombre. Riprende il concetto indagato con la precedente *Palpebra*, conferendogli dinamicità e diverse linee di fuga.

The slices of light and shafts projected from the gaps offer a novel interpretation of the idea of suffuse lighting, of light designed to highlight perspectives and draw landscapes. As usual, the form is elementary, consisting of a cube measuring 40 centimetres per side, made of bent metal sheeting, rather like an origami figure for a magic box. The gaps down the sides allow the light to peep out, like a door slightly ajar, hinting at secret realms ready to escape into the reality of the outside world while making new shadows dance around it. The design reiterates the concept of the *Palpebra* light, but brings new dynamics and different vanishing lines.

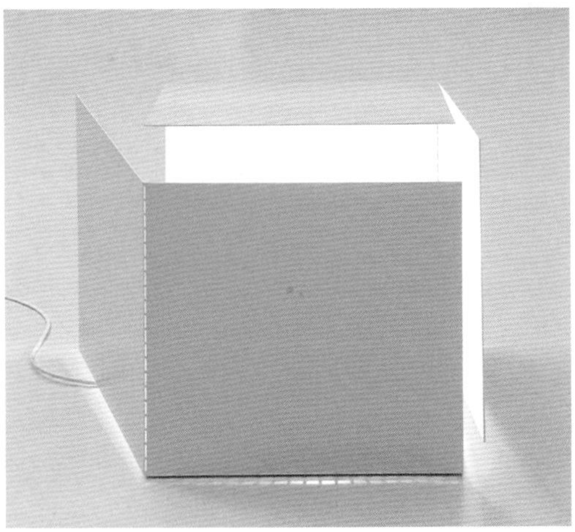

Disegnare lo spirito di un'epoca

Designing the spirit of an era

Cinquanta Collection,
Dogtas Mobilya, 2011

La linearità è dovuta all'adozione di un unico elemento modulare che, se capovolto e riempito di cuscini, diventa sofà o poltrona. Nell'altro verso, e con varie misure, funge da panca o tavolino, o diventa il top e il fianco di mobili contenitori se completato con mensole e antine. L'apparente semplicità è valorizzata dalla qualità del legno, nella finitura abete, dalla cura dei dettagli e delle texture degli imbottiti, oltre che da una visione del design che va al di là del prodotto. Anche questo lavoro nasce su commissione, in seguito all'incontro con la storica azienda turca Dogtasş Mobilya (Doganlar Grup). La proposta di Delrosso nel raccogliere la richiesta di un progetto pilota (che ha visto il parallelo coinvolgimento dello stilista Atıl Kutoglu e della stylist Ece Sükan) per il riposizionamento del marchio è stata una collezione ispirata agli anni cinquanta: non per ritrovarne le linee, ma per esplorare con gli occhi di oggi quello speciale "spirito che aveva segnato la felice sperimentazione di forme e materiali in un mondo, quello del design, ancora tutto in divenire. Il mio intento è stato raggiungere un equilibrio tra eleganza e ricerca, tra il mondo sofisticato del design per pochi e la naturale semplicità che dovrebbe avere ogni ambiente domestico. Proprio come accadeva allora".

The linear look of this furniture stems from the application of a single modular element which, if upended and completed with cushions, becomes a sofa or armchair. Alternatively it can serve as a bench or low table or becomes the top or flank for container units completed with shelves and doors. The apparent simplicity is endorsed by the quality of the wood, the finish of dark walnut and fir, by the attention to detail, the texture of the upholstery, and by a vision of design that looks beyond the product.
This was another project that grew out of a specific commission, this time after a meeting with the Istanbul-based furniture company Dogtasş Mobilya (Doganlar Grup). Delrosso's proposal in response to the client's request for a pilot project (which involved the parallel participation of the fashion designer Atıl Kutoglu and the stylist Ece Sükan) for the repositioning of the brand was a collection of pieces inspired by the 1950s, not so much in terms of line as "for exploring with today's eyes that special spirit that fostered the fruitful experimentation of forms and materials in a world – the design world – that was still emerging. My intention was to reach a balance between elegance and research, between the sophisticated world of design for the few, and the natural simplicity that every domestic environment ought to have. Just as it was back then."

Design strategico

_FD101_
HENRYTIMI, 2010
Contaminazioni
installazione / installation
Nhow Hotel, Fuori Salone
Milano, 2009

Fotografie a destra / Photos to the right Fausto Mazza

Prima che un prodotto è un'idea, un'idea per un progetto di design strategico: produrre una seduta in edizione limitata per un'operazione *charity* a favore di Save the Children. "Con il progetto *Contaminazioni* ho cercato di mostrare come il design possa *contaminare* il mondo reale con un messaggio che va al di là delle pur necessarie strategie del prodotto. La fase progettuale ideativa è di per sé ludica ed emotivamente coinvolgente: un gioco che, con questo progetto, mi piacerebbe estendere a quanti vorranno farsi *contaminare* dalla vitalità del bambino che è in ognuno di noi." Così per la promozione dell'iniziativa, in occasione del Fuori Salone di Milano del 2009, è nata una installazione-performance animata dall'artista Giovanni Manfredini e da un volo di farfalle. Naturalmente, rivolta ai più piccoli. "I pieni e i vuoti delle sedute e la possibilità di creare dei minipaesaggi, quasi dei puzzle tridimensionali, offrono spunti di gioco con l'oggetto. Perciò ho pensato di coinvolgere i bambini, che vivono il gioco come scoperta e conoscenza. Mi interessava vedere in quale modo avrebbero letto questi oggetti." Le sedute-modulo (90 x 90 x h 65/32,5 cm) sono nate sulla forma simbolica del tronco di piramide: "La forma piramidale, oltre ad avere un valore energetico e spirituale molto forte, è un'icona universale, percettivamente semplice da comprendere e rielaborare. La mia seduta parte da un equilibrio estetico, che si esprime nella funzionalità".
Per la performance le sedute erano state prodotte in cinque varianti differenti, raffiguranti i cinque continenti, come forma benaugurante del viaggio che avrebbero dovuto fare. Sono ancora in viaggio, ma nel frattempo hanno conquistato l'interesse di un imprenditore e, nella finitura di legno laccato (per interni), ferro (per esterni) e alluminio o imbottite (per usi trasversali), con il loro spirito libero, sono entrate nel catalogo HENRYTIMI.

Strategic design

More than a product, this was part of a project of strategic design, the idea being to produce a limited-number seat for a charity event organised by Save the Children.
"With the *Contaminazioni* project I tried to show how design can *contaminate* the real world with a message that goes beyond the strategies of product design, however necessary these might be. In itself, the whole phase of thinking things out involves fun and excitement, and this project offers the kind of fun that I'd like to share with all those who are willing to be *contaminated* by the liveliness of the child we all have inside us." For the promotion of the event for the "Fuori Salone" section of Milan Design Week in 2009 an installation-performance was devised, led by the artist Giovanni Manfredini and a flight of butterflies. The target audience was of course kids.
"The masses and voids of the seating and the possibility of creating mini-landscapes, almost like three-dimensional puzzles, offer all kinds of ideas for play. Which is why I wanted to involve kids, for whom play is a form of discovery and knowledge-building. I was curious to see how they would decipher these objects." The shape of the modular chairs (90 x 90 x h 65/32.5 cm) stems from the symbolic form of the pyramid: "Besides being known for its energy and spiritual power, the pyramid is a universal icon that the senses can quickly decode and re-elaborate. My chair stems from an aesthetic balance which is expressed through function". Five different variants were produced for the installation performance, representing the five continents in a kind of *bon voyage* for the journey they were about to undertake. They are still on the road, but in the meantime their easygoing spirit attracted the attention of the company HENRYTIMI, which now produces versions in lacquered wood (for interiors), iron (for exteriors), aluminium or padded (for varied usage).

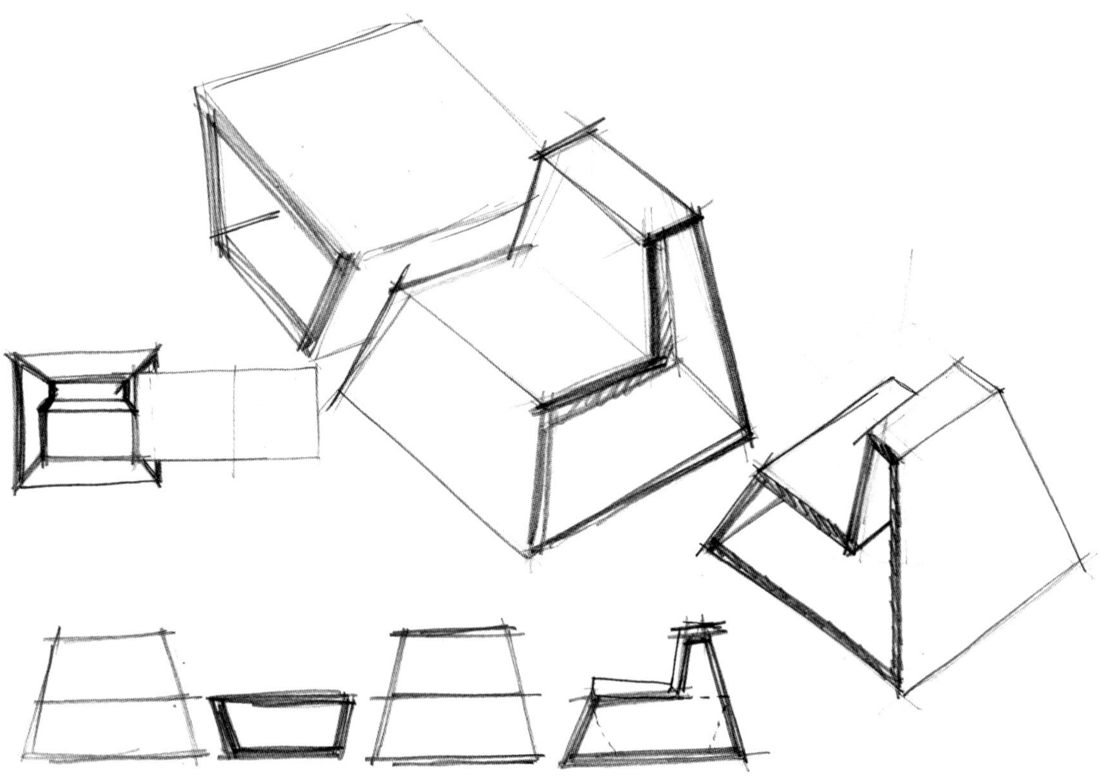

Da cosa nasce cosa

FD201
Poltrona e chaise longue
Armchair and chaise-longue
HENRYTIMI, 2011

È la versione imbottita della *FD101*. Qui la lamiera cede il passo al tessuto tecnico o alla pelle al fine di accordare soluzioni flessibili per l'interior e l'outdoor. Mantiene la generosità delle forme (90 x 90 x h 65/32,5 cm e 90 x 135 x h 65/32,5 cm nella versione chaise longue) e l'accuratezza del prodotto artigianale. Con una spiccata sensualità, aggiunge all'idea della seduta informale il piacevole comfort dell'imbottitura, che accoglie e asseconda i movimenti del corpo. Come negli intenti di Delrosso, riesce a essere un arredo trasversale, minimale ma di carattere. È stata elaborata durante i progetti delle ville monofamiliari a Vandorno, concepite in stretta relazione con la vita all'esterno e nella comunicazione fra esterno e interno.

One thing leads to another

This is basically the padded version of *FD101*, in which the metal sheeting gives way to either a hi-tech textile or leather, affording a flexible range for interiors or outdoors. It maintains its ample dimensions (90 x 90 x h 65/32.5 cm; and 90 x 135 h 65/32.5 cm for the chaise-longue) and vaunts the attention to detail typical of the handcrafted item. Innately sensual, this chair gives the idea of informal seating a touch of added comfort as it welcomes the user's body movements. In compliance with Delrosso's intentions, the piece is at once versatile and minimal, but also engaging. The design materialised while Delrosso was working on the single-family villas in Vandorno, which were closely tied to the surroundings and to the rapport between interior and exterior.

Dalla materia prima all'oggetto-primo

From raw materials to raw object

FD102
HENRYTIMI, 2011

È un'altra storia legata all'applicazione di un materiale innovativo: il multistrato nero, tinto in spessore, messo a punto in esclusiva per HENRYTIMI da Tabu®, storica azienda di Cantù specializzata nella lavorazione di piallacci di legno naturali, tinti e multinaturali. Si tratta di un materiale che non richiede ulteriori trattamenti per il prodotto finito. È stata questa condizione ad aver suggerito una prima interpretazione con una poltroncina dalle misure contenute (56,8 x 56,8 x h 67 cm) e dal portamento sobrio. "Ho cercato di declinare l'idea del materiale non trattato, anche nel disegno generale. È infatti priva di segni caratterizzanti perché, come le materie prime che si esprimono con la loro lavorazione, questo è un 'oggetto-primo', che svelerà la sua anima nell'uso quotidiano." La forma permette anche l'impilabilità e dunque una particolare adattabilità in luoghi domestici e pubblici.

Another testament to Delrosso's application of innovative materials: the black plywood, dyed through the layers, was created exclusively for HENRYTIMI by the Cantù-based firm Tabu® specialising in veneers of natural, tinted, and multi-natural woods. The material in question does not require any further treatment for the finished product, a characteristic that prompted a first application for a small armchair (56.8 x 56.8 x h 67 cm) sporting a sober silhouette. "I attempted to convey the idea of an untreated material, including in the overall design. In fact the piece is featureless because, given that raw materials express themselves through the way they are worked, this object is also a 'raw' in that respect, and will reveal its spirit in the course of daily use." The units are devised to be stacked, and hence are particularly adaptable to both domestic and public settings.

FD303
Tavoli / Tables
HENRYTIMI, 2012

La leggerezza del segno doppio

Fanno parte del progetto di interior per il negozio milanese del brand Gagà. Il canale vuoto che si rincorre nel profilo frontale, con la stessa fluidità del nastro di Moebius, risponde alla doppia necessità di avere un piano su cui esporre e un ripiano contenitore. Catalizzando l'attenzione su un dettaglio apparentemente ozioso, al di fuori del contesto per cui sono stati progettati, non perdono la loro identità autonoma. La flessibilità d'uso è strutturale, come in precedenti esempi, e risolvono l'aspetto "decorativo" con il consueto segno pulito e leggero che nasconde precise tecniche costruttive.

The lightness of the double sign

These tables are part of the interior designs for the Milan store of the Gagà brand. The trough scored into the front of the piece, featuring the same flowingness of the Moebius strip, addresses the need for a surface on which to lay merchandise for display purposes, and for a storage shelf. Catalysing attention to a detail that might seem trifling outside the context for which they were created, the units nevertheless do not lose their identity as independent objects: their flexibility is a built-in facet of their design, and like the previous pieces, they acquit their "decorative" purpose with the customary lean, unfussy lines that deftly conceal a series of precision constructional details.

FD302, Moebius Collection
Tavolo, sgabello, accessori
Table, stool and accessories
HENRYTIMI, 2012

Fotografie / Photos Fausto Mazza

"Quando progetto nella piccola dimensione mi interessa rivelare un modo alternativo di usare le cose, partendo dal presupposto che devono essere non solo pratiche, ma anche belle." Lungi dal concettualismo, i progetti di arredi di Delrosso partono da considerazioni concrete e dall'osservazione delle relazioni che si instaurano fra le persone e ciò che le circonda. La collezione *Moebius* in legno multistrato nero segue questo percorso conoscitivo, studiando le dinamiche che si creano fra i commensali seduti a una stessa tavola, e ne disegna la particolare energia che si diffonde tramite un solco longitudinale sullo sgabello (42 x 42 x h 45 cm) e sul tavolo (230 x 80 x h 73 cm). La scanalatura su quest'ultimo ha anche la funzione di accogliere taglieri, caraffe, contenitori di pietra tagliati a misura o tutti gli accessori utilizzati abitualmente; o anche portafiori o portaoggetti che possono comunque completare il tavolo quando è sparecchiato. Adeguandosi alla forma del piano, gli accessori in pietra riescono eventualmente a rendere la sua superficie perfettamente complanare. Il nome scelto per la collezione è un omaggio al celebre matematico tedesco, i cui studi sul nastro a un'unica faccia senza esterno e interno, né lati superiore o inferiore influenzano da tempo l'architetto: se ne trova traccia, oltre che in molte architetture, anche nei tavoli *FD303*.

"When I design on a small scale, what interests me is to reveal an alternative way of using things, with the presupposition that they must also be beautiful, and not only be practical." Far from being "conceptual" in nature, Delrosso's furniture designs are predicated on concrete factors that emerge after observing the relations established between people and their surroundings. The design of the *Moebius* collection in black plywood complies with this prior reconnoitring of the dynamics that arise between people seated around the table, which prompted the creation of a groove running the length of the table (230 x 80 x h 73 cm), echoed in a vertical groove in the stool (42 x 42 x h 45 cm). The wide table groove serves as a trough in which to lodge accessories such as cutting-boards, wine carafes, and stone containers all cut to order, or for other household utensils; furthermore, when the table is not in use the trough can accommodate flower-vases and other receptacles, and some of the stone accessories are designed to lie flush with the table-top. The name chosen for the collection is a homage to the German mathematician, whose renowned strip folding upon itself with no distinction between inner surface and outer surface has fascinated Delrosso for a long time. The device can be traced in many of his projects for buildings, and also for furniture, as in the *FD303* tables.

Dal materiale al prodotto

From the material to the product

FD802
HENRYTIMI, 2013

Fotografie / Photos Franco Chimenti

Le ricerche sul nuovo materiale lapideo Marmocode, sviluppato da Delrosso con Ariotti Marmi, hanno portato ad applicazioni nell'ambito del prodotto. Preceduti da un contenitore multiuso, nella primavera del 2013, in occasione dell'installazione *Dining Tank* al *DIFFA Dining by Design* di New York, con questo materiale sono stati creati un piatto e un piccolo contenitore per la soia o il sushi. Entrambi ispirati alla tradizione giapponese, l'incavo che li caratterizza strizza l'occhio all'estetica tecnologica più attuale, ricordando un iPod. L'evento prevedeva la creazione di tavole imbandite da parte di diversi designer e architetti, musicisti e artisti. Delrosso ha ambientato la sua installazione in una *water tower* realizzata ad hoc per l'occasione. Da qui l'idea di apparecchiare il tavolo *Moebius* con un set ecologico, realizzato con le lastre ricavate da scarti di marmo pregiato. Dopo la performance nella Grande Mela, questi oggetti sono entrati nel catalogo HENRYTIMI.

Explorations with the new stone material known as Marmocode, developed in tandem with Ariotti Marmi, has led to some special applications within Delrosso's architectural projects. Preceded by an all-purpose container, in the spring of 2013, to mark the *Dining Tank* installation at the *DIFFA Dining by Design* expo in New York, this material gave rise to a sushi plate and a small container for soya sauce dip. Based on the Japanese tradition, the gentle scoop in the material hints at more recent technology, such as an MP3 player. The installation envisages the creation of "prepared tables" by diverse designers and architects, but also musicians and artists. Delrosso set his own up in a water-tower created for the purpose of the event. This prompted him to accoutre his *Moebius* table with an "ecological set", created from offcuts of quality marble production. After their appearance in New York, the items made their way into the HENRYTIMI catalogue.

L'inganno del riflesso

The deceptiveness of reflection

Shade
Lampada da parete
Wall lamp
davide groppi, 2013

Fotografie / Photos Fausto Mazza

Una semplice striscia di specchio: scherma la luce, la diffonde, e riflette l'ambiente. La sorpresa e l'inaspettato sono le sponde entro le quali si muove Delrosso e che ritroviamo nella lampada da parete *Shade*, simbolo di una neutralità protagonista nel riflesso di ciò che la circonda, vivendo delle sue luci, delle sue ombre e di ciò che fuggevolmente riesce a catturare nel passaggio. È una fessura e un taglio, un vuoto e un pieno, un oggetto indefinito e preciso allo stesso tempo. Un oggetto vivo e che vive nell'interazione.

Shade consists of a simple strip of mirror that screens the light source, spreads its glow and meanwhile reflects the setting. Delrosso's beguiling wall-light weaves a path between surprise and the unexpected. By reflecting the things around it, the device acts as a neutral protagonist, living off its own light emission and the shadows it captures fleetingly as things pass before it. It resembles a gash or slit, a canny mixture of mass and void, an object that is both indefinite and precise. A living object that lives in interaction.

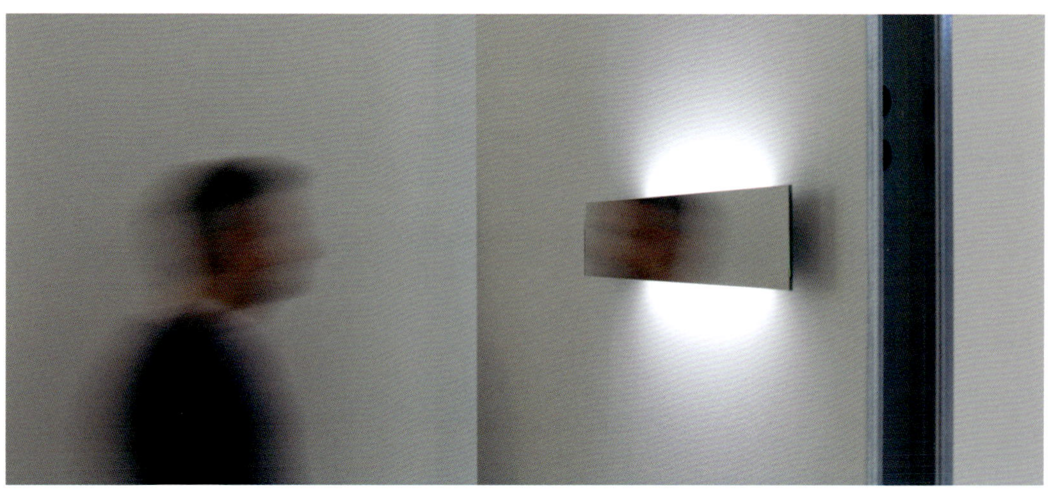

Il rigore della funzione

The rigour of function

FD103
Sgabelli alto e basso
High and low stool
HENRYTIMI, 2013

Fotografia / Photo Franco Chimenti

L'ispirazione è sempre architetturale: le strutture in ferro di fine Ottocento o inizio Novecento, che si sviluppavano a partire da elementi prefabbricati trasformando la funzione in elemento decorativo. Il dialogo tra forma e materiale è ancora una volta alla base di questa seduta impilabile: un dialogo basato sulla leggerezza, sulla riduzione e sulla semplicità. I profili e gli spigoli smussati si modellano come origami. Tutto è riportato a un'idea primaria, di necessaria utilità e bellezza, ricercando la tensione limite.

The inspiration here is again architectural in nature: the iron structures of the late nineteenth and early twentieth century that emerged from prefabricated elements, transforming function into a decorative element. The dialogue between form and material is once again the basis of this stackable stool. A dialogue that pivots on lightness, reduction and simplicity. The outlines and smoothed-off corners recall Japanese origami. Everything reverts to the primary notion of requisite utility and beauty, in the search of the borderline tension.

Pubblicazioni / Literature

Alcuni dei libri e delle riviste su cui sono apparsi i progetti Delrosso Architects / Some books and magazines featuring Delrosso Architects projects
Da sinistra, dall'alto verso il basso / Left to right, top to bottom:

"Elle Decor", 20, n. 3, 3/2009
"Interior Design", 9/2011
"Interior Design", 5/2011
"Namas Ir Aš", n. 8/111, 2009
"Azure", 9/2009
"Namas Ir Aš", n. 1-2/106, 2009
"Interior Design", 11/2005
"Ottagono", n. 217, 2/2009
"idfx", n. 135, 1/2010
"Code", n. 19, autunno/fall 2012
"Hospitality design", vol. 35, n. 3, 5/2013

"Interior Design", 4/2013
A. Chinn (a cura di / edited by), *Home Décor. Ideas for Interior Space, Function & Color*, Dalian University of Technology Press, HI-design Publishing, Hong Kong 2011
"Interni 631": *Italian Culture Flies to America*, n. 5, 5/2013
"Flair", n. 5, 7–8/2007

House Design 3, Latest Live Land For People, A&C Publishing, Gangnam-gu, Seoul 2013
"Interni 631": *Italian Culture Flies to America*, n. 5, 5/2013 (pagine interne / inner pages)
"IL", n. 4, 12/2004
M. Galindo, *Italian. Interior Design*, Braun Publishing, Salenstein (CH) 2010

Interior Design. Best of Residential, Interior Design/Sandow Media, Boca Raton (Florida) 2013
Le ricette dei designer. Una spina nel design, Editrice Compositori, Bologna 2013
(Sotto, della stessa collana / Lower down, from the same series: *Le ricette dei designer*, 2009; *Le ricette dei designer 2*, 2010).
Interior Design. Best of Architecture & Design Hospitality, Sandow Media, Boca Raton (Florida) 2012
C. Morozzi (a cura di / edited by), *Interiors with Edra*, The Plan, Bologna 2006

A. Corcuera (a cura di / edited by), *New Terrace Design*, Daab, Köln, London & New York 2005
G. Ciceri, A. Fontaneto (a cura di / edited by), *XXI Premio Compasso d'Oro ADI*, Editrice Compositori, Bologna 2008
S. San Pietro, P. Gallo, *New Restaurants 2 in Italy*, Edizioni L'Archivolto, Milano 2006
Le ricette dei designer. Design al dente, Editrice Compositori, Bologna 2012
(Sotto, della stessa collana / Lower down, from the same series: *Le ricette dei designer. Stuzzicati dal design*, 2012; *Le ricette dei designer. Cavolo che design*, 2011)
S. San Pietro, P. Gallo, *Multilevel Living in Italy*, Edizioni L'Archivolto, Milano 2008

M.N. Kunz, J. Fischer (a cura di / edited by), *Café & Restaurant Design*, teNeues, Los Angeles 2005
Industrial Chic, Reconverting Spaces, Gribaudo, Savigliano (Cuneo) 2006
F. Lava (a cura di / edited by), *Lifestyle Made in Italy. Identità piemontesi*, Eventi&Progetti Editore, 2007
S. San Pietro, P. Gallo, *Stairs, Scale 2 in Italy*, Edizioni L'Archivolto, Milano 2006

new terrace design
XXIA
Café & Restaurant Design
INTERIOR DESIGN
best of residential
house design 3
NEW RESTAURANTS 2 IN ITALY
INDUSTRIAL CHIC
Reconverting Spaces
Italian Taste in New York
INTERIOR DESIGN
best of hospitality
意大利是生活
Lifestyle Made in Italy
ITALIAN
Interior Design
INTERIORS with edra
MULTILEVEL LIVING IN ITALY
STAIRS

Porzia Bergamasco, laureata in Lettere Moderne, è giornalista professionista, autrice e curatrice indipendente, specializzata in design e architettura. Già caporedattore del free magazine italiano di moda e attualità culturale "Rodeo" (2004-2008) e del portale di design *aedo-to.com* (2000-2004), collabora a diverse testate specializzate e svolge attività di consulenza per progetti di ricerca aziendali ed editoriali. È docente a contratto all'Istituto Europeo di Design (IED) a Milano. Dal 2010 coordina per il Cosmit il concorso e la mostra "I Saloni. Premio SaloneSatellite". È co-curatrice e autrice della collana Repertori.Giunti di cui sono usciti i titoli *Luci* e *Sedie* (2012), del volume *Design in Italia. L'esperienza del quotidiano* (2010) e del volume scolastico *Artevivaplus5. Dal Neoimpressionismo ai Nostri Giorni* (2013). Ha curato le mostre: *Storie di Design: dall'idea alla realizzazione. 48 designer dall'Europa* (Palermo, 2009), *Riccardo Dalisi: L'imprevedibile della creatività* (Palermo, 2012). È co-autrice del film documentario *Lino Sabattini* (2010).

Porzia Bergamasco holds a degree in Modern Humanities and is a professional journalist, author, and independent curator specialising in design and architecture. Formerly editor-in-chief of *Rodeo* (2004–08), a free-press magazine for fashion and cultural events, and of the online design portal *adeo-to.com* (2000–04), she is a regular contributor to various specialist publications, and a consultant for company research and publication projects. She teaches at the Istituto Europeo di Design (IED) in Milan. Since 2010, for Cosmit (International Furniture Fair, Milan) she has coordinated the competition and exhibition titled "I Saloni. Premio SaloneSatellite". She is co-curator and author of the series Repertori.Giunti, having completed the titles *Luci*, and *Sedie* (2012), of *Design in Italia. L'esperienza del quotidiano* (2010), and of the school book *Artevivaplus5. Dal Neoimpressionismo ai Nostri Giorni* (2013). She has curated the exhibitions "Storie di Design: dall'idea alla realizzazione. 48 designer dall'Europa" (Palermo, 2009), "Riccardo Dalisi: L'imprevedibile della creatività" (Palermo, 2012). She is co-author of the documentary film *Lino Sabattini* (2010).